쉽게 따는 행복漢 급수한자

7급-②

새희망

한자능력검정시험안내

❖ 한자능력검정시험이란?

- 한자능력검정시험은 한자 활용 능력을 측정하는 시험으로 공인급수 시험(특급, 특급Ⅱ, 1급, 2급, 3급, 3급Ⅱ)과 교육급수 시험(4급, 4급Ⅱ, 5급, 5급Ⅱ 6급, 6급Ⅱ, 7급, 7급Ⅱ, 8급)으로 나뉘어져 실시합니다.
- 한자능력검정시험은 1992년 처음 시행되어 2001년부터 국가공인자격시험(1급~4급)으로 인정받았고 2005년 29회 시험부터 3급Ⅱ 이상은 국가공인시험으로 치러지고 있습니다.
- 자세한 내용은 시행처인 한국 한자능력검정회 홈페이지 www.hanja.re.kr에서, 시험점수와 합격안내는 www.hangum.re.kr을 참조하세요!
- 이 책은 7급Ⅱ를 포함한 7급 대비 도서로서 7급을 전반부(7-1)와 후반부(7-2)로 나누어 발간하였습니다.

❖ 어떤 문제가 나올까요?

각 급수별로 문제 유형은 아래 표와 같습니다.

구분	특급	특급Ⅱ	1급	2급	3급	3급Ⅱ	4급	4급Ⅱ	5급	5급Ⅱ	6급	6급Ⅱ	7급	7급Ⅱ	8급
독음	45	45	50	45	45	45	32	35	35	35	33	32	32	22	24
훈음	27	27	32	27	27	27	22	22	23	23	22	29	30	30	24
장단음	10	10	10	5	5	5	3	0	0	0	0	0	0	0	0
반의어(상대어)	10	10	10	10	10	10	3	3	3	3	3	2	2	2	0
완성형(성어)	10	10	15	10	10	10	5	5	4	4	3	2	2	2	0
부수	10	10	10	5	5	5	3	3	0	0	0	0	0	0	0
동의어(유의어)	10	10	10	5	5	5	3	3	3	3	2	0	0	0	0
동음 이의어	10	10	10	5	5	5	3	3	3	3	2	0	0	0	0
뜻풀이	5	5	10	5	5	5	3	3	3	3	2	2	2	2	0
약자	3	3	3	3	3	3	3	3	3	3	0	0	0	0	0
한자 쓰기	40	40	40	30	30	30	20	20	20	20	20	10	0	0	0
필순	0	0	0	0	0	0	0	0	0	0	3	3	3	2	2	2
한문	20	20	0	0	0	0	0	0	0	0	0	0	0	0	0

- 독음 : 한자의 소리를 묻는 문제입니다.
- 훈음 : 한자의 뜻과 소리를 동시에 묻는 문제입니다. 특히 대표훈음을 익히시기 바랍니다.
- 반의어.상대어 : 어떤 글자(단어)와 반대 또는 상대되는 글자(단어)를 알고 있는가를 묻는 문제입니다.
- 완성형 : 고사성어나 단어의 빈칸을 채우도록 하여 단어와 성어의 이해력 및 조어력을 묻는 문제입니다.
- 동의어.유의어 : 어떤 글자(단어)와 뜻이 같거나 유사한 글자(단어)를 알고 있는가를 묻는 문제입니다.
  - 동음이의어 : 소리는 같고, 뜻은 다른 단어를 알고 있는가를 묻는 문제입니다.
  - 뜻풀이 : 고사성어나 단어의 뜻을 제대로 알고 있는가를 묻는 문제입니다.
  - 한자쓰기 : 제시된 뜻, 소리, 단어 등에 해당하는 한자를 쓸 수 있는가를 확인하는 문제입니다.
  - 필순 : 한획 한획의 쓰는 순서를 알고 있는가를 묻는 문제입니다. 글자를 바르게 쓰기 위해 필요합니다.

- 7급 출제 유형 : 독음32 훈음30 반의어2 완성형2 뜻풀이2 필순2

  ＊ 출제 기준은 기본지침으로서 출제자의 의도에 따라 차이가 있을 수 있습니다.

합격 기준표

구분	특급·특급II	1급	2급·3급·3급II	4급·4급II·5급·5급II	6급	6급II	7급	7급II	8급
출제 문항수	200	200	150	100	90	80	70	60	50
합격 문항수	160	160	105	70	63	56	49	42	35
시험시간	100분	90분	60분	50분					

❖ 급수는 어떻게 나뉘나요?

8급부터 시작하고 초등학생은 4급을 목표로, 중고등학생은 3급을 목표로 두면 적당합니다.

급수	읽기	쓰기	수준 및 특성 배정한자
특급	5,978	3,500	국한혼용 고전을 불편 없이 읽고, 연구할 수 있는 수준 고급
특급II	4,918	2,355	국한혼용 고전을 불편 없이 읽고, 연구할 수 있는 수준 중급
1급	3,500	2,005	국한혼용 고전을 불편 없이 읽고, 연구할 수 있는 수준 초급
2급	2,355	1,817	상용한자를 활용하는 것은 물론 인명지명용 기초한자 활용 단계
3급	1,817	1,000	고급 상용한자 활용의 중급 단계
3급II	1,500	750	고급 상용한자 활용의 초급 단계
4급	1,000	500	중급 상용한자 활용의 고급 단계
4급II	750	400	중급 상용한자 활용의 중급 단계
5급	500	300	중급 상용한자 활용의 초급 단계
5급II	400	225	중급 상용한자 활용의 초급 단계
6급	300	150	기초 상용한자 활용의 고급 단계
6급II	225	50	기초 상용한자 활용의 중급 단계
7급	150	-	기초 상용한자 활용의 초급 단계
7급II	100	-	기초 상용한자 활용의 초급 단계
8급	50	-	한자 학습 동기 부여를 위한 급수

* 상위급수의 배정한자는 하위급수의 한자를 포함하고 있습니다.

❖ 급수를 따면 어떤 점이 좋을까요?

- 우리말은 한자어가 70%를 차지하므로 한자를 이해하면 개념에 대한 이해가 훨씬 빨라져 학업 능률이 향상됩니다.
- 2005학년부터 수능 선택 과목으로 한문 과목이 채택되었습니다.
- 수많은 대학에서 대학수시모집, 특기자전형지원, 대입면접시 가산점을 부여하고 학점이나 졸업인증에도 반영하고 있습니다.
- 언론사, 일반 기업체 인사고과에도 한자 능력을 중시합니다.

급수한자.kr 200%활용법

다양한 학습 방법으로 기초를 튼튼히!!!

❖ 기본 학습

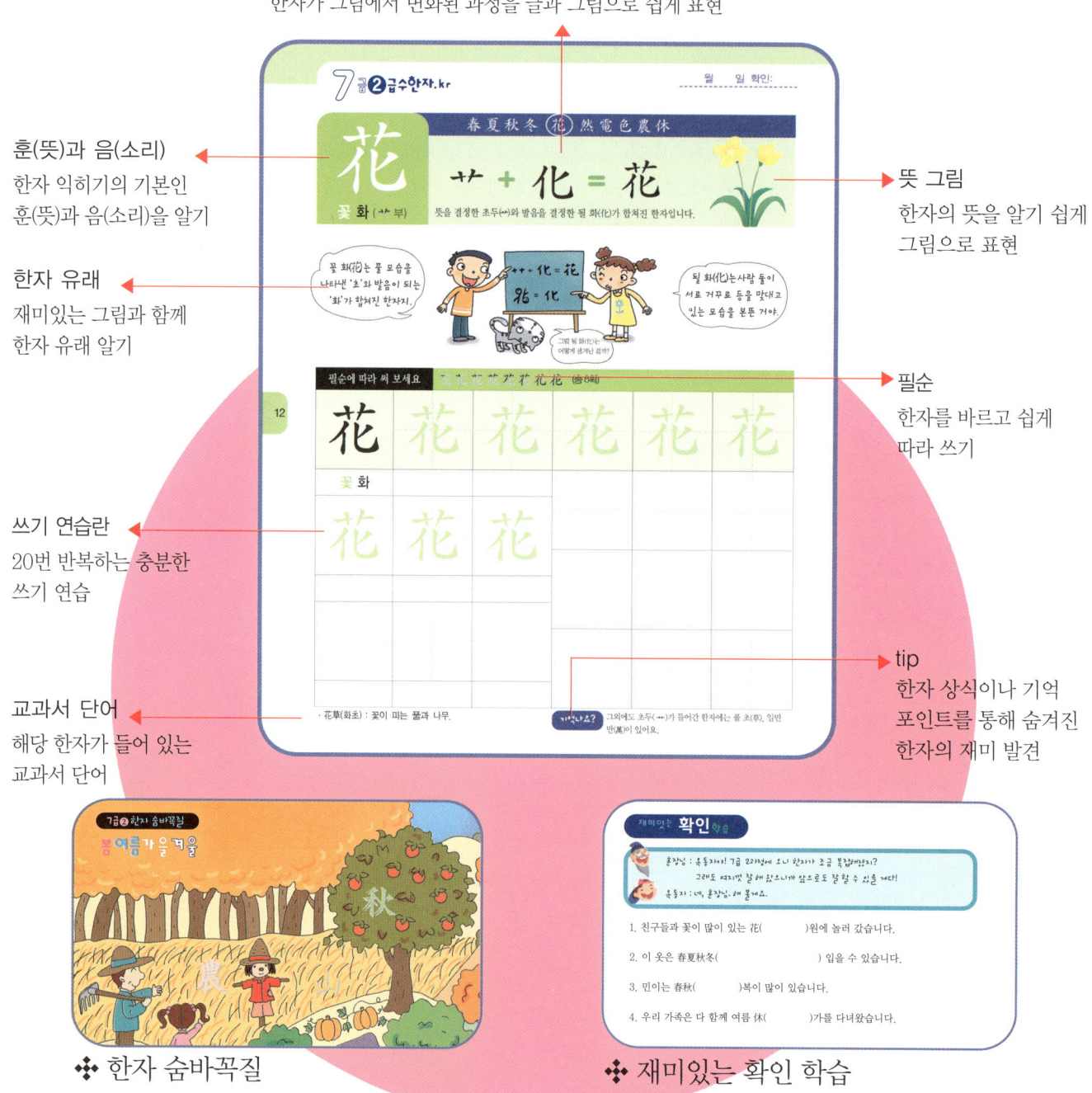

변화 과정
한자가 그림에서 변화된 과정을 글과 그림으로 쉽게 표현

훈(뜻)과 음(소리)
한자 익히기의 기본인 훈(뜻)과 음(소리)을 알기

한자 유래
재미있는 그림과 함께 한자 유래 알기

뜻 그림
한자의 뜻을 알기 쉽게 그림으로 표현

필순
한자를 바르고 쉽게 따라 쓰기

쓰기 연습란
20번 반복하는 충분한 쓰기 연습

tip
한자 상식이나 기억 포인트를 통해 숨겨진 한자의 재미 발견

교과서 단어
해당 한자가 들어 있는 교과서 단어

❖ 한자 숨바꼭질
본격적인 학습에 앞서 그림 안에 숨어 있는 한자를 찾으며, 앞으로 배울 한자를 익힙니다.

❖ 재미있는 확인 학습
앞서 배운 한자를 훈장님과 옥동자의 재미있는 대화와 함께 두 가지 유형의 문제로 학습해 봅니다.

이 정도 실력이면 급수따기 OK!

❖ **기출 및 예상·실전대비 문제**
실제 한자능력시험에 나왔던 문제와 예상문제를 단원이 끝날 때마다 제시하였으며, 단원별 기본 학습이 끝난 후에는 실전대비 총정리 문제로 다시 한번 학습합니다.

❖ **모의한자능력시험**
실제 시험과 똑같은 답안지와 함께 제공되어 실제 시험처럼 풀면서 실전 감각을 익힐 수 있습니다.

재미있게 놀며 다시 한번 복습을…

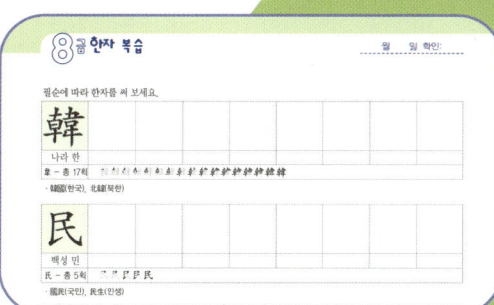

❖ **8급 한자 복습**
8급 급수한자에서 배운 한자 25자를 필순에 맞게 다시 한번 쓰면서 복습합니다.

❖ **만화 사자성어**
사자성어를 만화로 쉽게 이해할 수 있게 구성하였습니다. 배운 사자성어를 생활 속에서 적절히 사용해 보세요.

❖ 그림 속에 숨어 있는 春 (봄 춘), 夏 (여름 하), 秋 (가을 추), 冬 (겨울 동), 花 (꽃 화), 然 (그럴 연), 電 (번개 전), 色 (빛 색), 農 (농사 농) 休 (쉴 휴)를 찾아보세요.

월　　일 확인:

春 夏秋冬花然電色農休

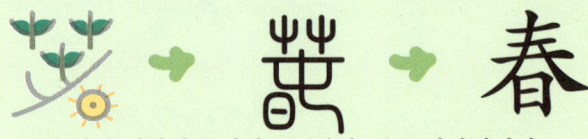

봄 춘 (日부)

태양 아래 새싹이 돋아나는 모습을 본뜬 한자입니다.

필순에 따라 써 보세요　春春春春春春春春春 (총 9획)

春	春	春	春	春	春
봄 춘					
春	春	春			

· 一場春夢(일장춘몽) : 한 바탕의 봄꿈이라는 뜻으로 '헛된
　영화'와 '덧없는 일'을 비유.

월   일 확인: _____

여름 하 (夂부)

春 夏 秋冬花然電色農休

얼굴에서 땀이 흐르는 모습을 본뜬 한자입니다.

아휴, 더워.
더우니까 자꾸 땀이 나네.
여름은 정말 땀의 계절이야.

글씨도 더워서 땀흘리는 것 같네.

| 필순에 따라 써 보세요 | 夏夏夏夏夏夏夏夏夏夏 (총 10획) |

| 夏 | 夏 | 夏 | 夏 | 夏 | 夏 |

여름 하

| 夏 | 夏 | 夏 | | | |

· **春夏秋冬**(춘하추동) : '봄, 여름, 가울, 겨울'의 사계절을 아울러 이르는 말.

월   일 확인:

春夏 ㊉ 冬花然電色農休

秋
가을 추 (禾부)

禾 + 火 = 秋

원래 갑골문에는 벼 화(禾) 자리에 메뚜기 모습이 있었다고 합니다.

곡식을 갉아먹는 나쁜 메뚜기를 불에 태워야 해.

에구, 아까워라 저 맛있는 걸 다 태우다니……

필순에 따라 써 보세요   秋秋秋秋秋秋秋秋秋 (총9획)

秋   秋   秋   秋   秋   秋

가을 추

秋   秋   秋

· 秋夕(추석) : 한가위.

春夏秋(冬)花然電電色農休

겨울 동 (冫부)

실의 양쪽 끝에 매듭지어진 모습을 본뜬 한자입니다.

끝에 매듭을 져서 줄넘기를 해 볼까?

우헤헤헤, 겨울 동(冬) 처럼 생겼다.

| 필순에 따라 써 보세요 | 冬 冬 冬 冬 冬 (총5획) |

冬	冬	冬	冬	冬	冬
겨울 동					
冬	冬	冬			

· 冬眠(동면) : 겨울잠.

재밌는 한자 冫(삼수)는 물과 관련이 있고, 冫(이수)는 얼음과 관련이 있어요.

7급 ②급수한자.kr

월　　일 확인: _____

春夏秋冬 ㊊ 然電色農休

花
꽃 화 (艹부)

艹 + 化 = 花

뜻을 결정한 초두(艹)와 발음을 결정한 될 화(化)가 합쳐진 한자입니다.

꽃 화(花)는 풀을 나타낸 '초두'와 발음을 결정한 '될 화'가 합쳐진 한자지.

그럼 될 화(化)는 어떻게 생겨난 걸까?

될 화(化)는 사람 둘이 서로 거꾸로 등을 맞대고 있는 모습을 본뜬 거야.

필순에 따라 써 보세요　花花花花花花花花 (총8획)

花	花	花	花	花	花
꽃 화					
花	花	花			

· 花草(화초) : 꽃이 피는 풀과 나무.

기억나요? 그외에도 초두(艹)가 들어간 한자에는 풀 초(草), 일만 만(萬)이 있어요.

然

그럴 연 (火/灬부)

春夏秋冬花 (然) 電色農休

원래 고기를 굽는 모습에서 유래된 한자입니다.

- 그럴 연(然)은 옛날에는 '고기를 굽다'라는 뜻으로 쓰인 한자래.
- 그럼 진짜 '굽다'는 어떻게 쓰지?
- 불을 하나 더 붙여 燃(구울 연)으로 쓴단다.

火 + 然 → 燃

필순에 따라 써 보세요

然 然 然 然 然 然 然 然 然 然 然 然 (총 12획)

然	然	然	然	然	然
그럴 연					
然	然	然			

· 自然(자연) : 사람의 손에 의하지 않고서 존재하는 것이나 일어나는 현상. (산·강·바다·동물·식물·비·바람·구름 등.)

재밌는 한자 然(그럴 연)과 燃(구울 연)은 원래 같은 글자였지요.

電

春夏秋冬花然 電 色農休

번개 전 (雨부)

雨 + 申 = 電

비 우(雨)와 납 신(申)이 합쳐진 한자입니다.

비 오는 날 번쩍거리는 게 뭐게?

번개!

우르르 쾅!

으아악! 무서워.

| 필순에 따라 써 보세요 | 電電電電電電電電電電電電電 (총13획) |

電

번개 전

· 電話(전화) : '전화기'의 준말.

재밌는 한자 눈 설(雪), 구름 운(雲), 우뢰 뢰(雷)처럼 비 우(雨)가 들어가면 날씨와 관련된 글자가 많지요.

빛 색 (色부)

春夏秋冬花然電 色 農休

무릎 꿇은 사람이 상대방의 얼굴 빛을 살피는 모습을 본뜬 한자입니다.

| 필순에 따라 써 보세요 | 色色色色色色 (총 6획) |

色 色 色 色 色 色

빛 색

色 色 色

· 靑色(청색) : 푸른 빛.

7급

②급수한자.kr

월   일 확인:

春夏秋冬花然電色 農 休

農
농사 농 (辰부)

曲 + 辰 = 農

굽을 곡(曲)과 새벽 신(辰)이 합쳐진 한자입니다.

농사 농 (農)에서 원래 굽을 곡(曲)은 수풀 림(林)이 변한거래. 새벽 신(辰)은 손에 농기구를 잡고 있는 모습이고.

농부 아저씨, 좀 쉬었다 하세요.

| 필순에 따라 써 보세요 | 農農農農農農農農農農農農農 (총 13획) |

農 農 農 農 農 農

농사 농

農 農 農

· 農村(농촌) : 농업을 하는 주민이 대부분인 마을.

休

쉴 휴 (亻부)

春夏秋冬花然電色農 **休**

사람이 나무 아래에서 쉬고 있는 모습을 본뜬 한자입니다.

휴~, 힘들다. 열심히 일했으니까 나도 좀 쉬어 볼까.

아! 시원하다.

필순에 따라 써 보세요 　休 休 休 休 休 休 (총6획)

· 休日(휴일) : 일을 하지 않고 쉬는 날.

재미있는 확인학습

 훈장님 : 옥동자야! 7급 2과정에 오니 한자가 조금 복잡해졌지?
그래도 지금까지 잘 해 왔으니까 앞으로도 잘 할 수 있을 게다!
 옥동자 : 네, 훈장님. 해 볼게요.

1. 친구들과 꽃이 많이 있는 花(   )원에 놀러 갔습니다.

2. 이 옷은 春夏秋冬(   ) 입을 수 있습니다.

3. 민이는 春秋(   )복이 많이 있습니다.

4. 우리 가족은 다 함께 여름 休(   )가를 다녀왔습니다.

5. 이 로봇은 電(   )기로 움직일 수 있습니다.

6. 나는 잘 익은 주홍色(   ) 감을 제일 좋아합니다.

7. 가을이 오면 農(   )촌은 분주해집니다.

8. 산에 올라가 아름다운 자然(   )을 감상했습니다.

9. 秋(   )석에는 맛있는 음식이 많이 있습니다.

10. 입春(   )도 지나고 겨울도 얼마 남지 않았습니다.

 훈장님 : 정말 잘했다! 이제 선택형 문제를 풀어 보자.

11. 일 년 중 가장 이른 계절은?
    ① 春   ② 夏   ③ 秋   ④ 冬
12. 눈이 오는 계절은?
    ① 春   ② 夏   ③ 秋   ④ 冬
13. 그럴 연(然)에 들어 있는 한자는?
    ① 火   ② 心   ③ 人   ④ 木
14. 나무 아래 쉬고 있는 사람을 본뜬 한자는?
    ① 花   ② 然   ③ 夏   ④ 休
15. 농부(農夫)의 농(農)의 뜻은?
    ① 장사   ② 고기잡이 ③ 농사   ④ 사냥
16. 다음 한자 중 날씨와 관계 있는 한자는?
    ① 色   ② 花   ③ 然   ④ 電
17. 추수, 추석 등의 단어에 들어가는 '추'의 한자는?
    ① 春   ② 夏   ③ 秋   ④ 冬
18. 빨강, 노랑, 검정 등은 무엇을 말하는가?
    ① 秋   ② 冬   ③ 色   ④ 農
19. 다음 계절 중 단풍이 물드는 계절은?
    ① 春   ② 夏   ③ 秋   ④ 冬
20. 일 년 중 가장 덥고 땀나는 계절은?
    ① 春   ② 夏   ③ 秋   ④ 冬

 훈장님 : 우리 옥동자 장하구나.

 옥동자 : 모두 훈장님 덕분이지요. 헤헤헤.

기출 및 예상 문제

春夏秋冬花然電色農休

1. 아래 한자의 훈(뜻)과 음(소리)을 쓰세요.

   1) 春 (   )   6) 然 (   )
   2) 夏 (   )   7) 電 (   )
   3) 秋 (   )   8) 色 (   )
   4) 冬 (   )   9) 農 (   )
   5) 花 (   )   10) 休 (   )

2. 아래 한자어의 독음을 쓰세요.

   1) 春秋 (   )   6) 自然 (   )
   2) 春三月 (   )   7) 電話 (   )
   3) 氣色 (   )   8) 白色 (   )
   4) 春夏秋冬 (   )   9) 農村 (   )
   5) 花草 (   )   10) 休日 (   )

3. 아래 한자어의 뜻을 쓰세요.

   1) 天地 (   )
   2) 江川 (   )

3) 海草 (　　　　)

4) 春夏 (　　　　)

5) 秋冬 (　　　　)

4. 다음 물음에 어울리는 한자를 보기에서 골라 알맞은 번호를 쓰세요.

> 보기
> ①春　②夏　③秋　④冬　⑤花
> ⑥然　⑦電　⑧色　⑨農　⑩休

1) 색과 관련된 한자를 고르세요. (　　　　)

2) 한 해의 첫 계절에 해당하는 것은? (　　　　)

3) 봄 다음에 오는 계절은? (　　　　)

4) 여름 다음에 오는 계절은? (　　　　)

5) 가을 다음에 오는 계절은? (　　　　)

5. 다음 훈(뜻)과 음(소리)에 알맞은 한자를 쓰세요.

1) 가을 추 (　　　　)

2) 꽃 화　 (　　　　)

3) 그럴 연 (　　　　)

기출 및 예상 문제 春夏秋冬花然電色農休

4) 농사 농 (　　　)

5) 쉴 휴 (　　　)

6. 다음 물음에 어울리는 답을 보기에서 골라 알맞은 번호를 쓰세요.

보기: ①天 ②農 ③江 ④然 ⑤海 ⑥電 ⑦村 ⑧林 ⑨道 ⑩花

1) 해변(　邊)에는 언제나 사람들이 많다.

2) 나는 꽃(　　) 중에서도 장미를 제일 좋아한다.

3) 전기(　氣)는 우리에게 없어서는 안 되는 것 중 하나다.

4) 자연(自　)을 보호하자!

5) 봄이면 한 해의 농사(　事)가 다시 시작된다.

7. 花 (꽃 화)에서 화살표가 있는 획은 몇 번째로 쓰나요?

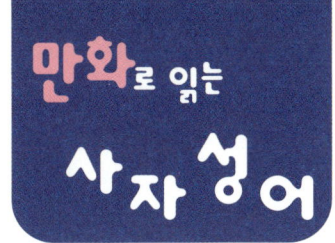

電光石火 (전광석화)

번갯불이나 돌을 쳐서 번쩍하는 불을 뜻하는 말로 매우 짧은 시간이나 재빠른 움직임 따위를 말합니다.

❖ 電:번개 전, 光:빛 광, 石:돌 석, 火:불 화

❖ 그림 속에 숨어 있는 男 (사내 남), 子 (아들 자), 力 (힘 력), 事 (일 사), 自 (스스로 자), 祖 (할아버지 조), 孝 (효도 효), 安 (편안 안), 夫 (지아비 부), 家 (집 가)를 찾아보세요.

男

사내 남 (田부)

男子力事自祖孝安夫家

밭에서 농기구로 농사 짓는 모습을 본뜬 한자입니다.

난 힘 센 농사꾼, 어서 밭을 갈아야지.

너무 남자(男子)답다.

필순에 따라 써 보세요 男 男 男 男 男 男 男 (총7획)

사내 남

· 男子(남자) : 남성인 사람.

월   일 확인:

子

아들 자 (子부)

男 子 力 事 自 祖 孝 安 夫 家

포대기에 싸인 아기의 모습을 본뜬 한자입니다.

아기는 몸에 비해 머리가 정말 크다.

응애응애

헤헤, 아기만 머리가 큰 게 아닌 것 같은데……

| 필순에 따라 써 보세요 | 子 子 子 (총3획) |

子	子	子	子	子	子
아들 자					
子	子	子			

· 子女(자녀) : 아들과 딸.

기억나요? '배울 학(學)'에도 '가르칠 교(敎)'에도 아들 자(子)가 있었지요?

男子 力 事自祖孝安夫家

力
힘 력 (力부)

농기구의 모습을 본뜬 한자입니다.

필순에 따라 써 보세요 力 力 (총 2획)

힘 력

- 重力(중력): 지표(地表)의 물체를 지구의 중심 방향으로 끌어당기는 힘.

기억나요? '男'(남자 남)에 '力'이 들어 있었지요? 밭[田]에서 힘[力]을 쓰는 것은 '남자(男)'!

월　　일 확인: _____

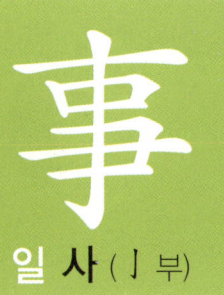

일 사 (」부)

男子力 事 自祖孝安夫家

붓으로 기록하는 모습을 본뜬 한자입니다.

오늘 최진사와 둔 내기 장기 결과를 기록해야지. 두 번은 내가 이기고, 한 번은 최진사가 이겼지. 에헴, 오늘 '일'은 다 마쳤군.

| 필순에 따라 써 보세요 | 事事事事事事事事 (총8획) |

일 사

· 家事(가사) : 살림살이에 필요한 여러 가지 일.

自

스스로 자 (自부)

男子力事 (自) 祖孝安夫家

사람의 코를 본뜬 한자입니다.

> 어머, 이렇게 잘 생긴 아이가 도대체 누구야?

> 그렇게 잘 생긴 사람이 나말고 또 누가 있겠어. 바로 나지!

필순에 따라 써 보세요 自 自 自 自 自 自 (총6획)

自 — 스스로 자

· 自信(자신) : 자신의 값어치나 능력을 믿음, 또는 그런 마음.

앗, 조심! 스스로 자(自)는 코의 모습에서 왔지만 '코' 라는 뜻은 없어요. '코' 라는 뜻의 한자는 '코 비(鼻)'를 쓰지요.

男 子 力 事 自 (祖) 孝 安 夫 家

祖
할아버지 조 (示부)

무덤 앞의 제단과 비석을 본뜬 한자입니다.

말풍선: 제사상에 절을 하려니 돌아가신 할아버지 생각이 난다.

말풍선: 영준아, 할아버지께 얼른 절해야지.

필순에 따라 써 보세요 祖 祖 祖 祖 祖 祖 祖 祖 (총 10획)

祖 — 할아버지 조

- 祖上(조상) : 같은 혈통의 할아버지 이상의 대대의 어른, 선인(先人).

기억나요? '草(풀 초)' 안에 아침 조(早)가 들어 있는데, 그것이 해[日]와 제단[十]의 모습이에요.

男子力事自祖 孝 安夫家

孝
효도 효 (子부)

자식이 늙은 부모님을 업고 있는 모습을 본뜬 한자입니다.

필순에 따라 써 보세요 孝孝孝孝孝孝孝 (총7획)

효도 효

· 孝道(효도) : 어버이를 잘 섬김, 또는 그 도리.

'孝'(효도 효)가 아닌[不:아닐 불] 것은 '不孝(불효)'지요.

男子力事自祖孝 安 夫家

安
편안 안 (宀부)

여자가 편안히 방 안에 있는 모습을 본뜬 한자입니다.

옛날에는 여자가 집에 있어야 편안하다고 집에 있는 여자 모습을 본떠서 만들었대.

하지만 요즘 여자들은 남자보다 더 활발히 활동하지.

나 사장.

나 장관.

| 필순에 따라 써 보세요 | 安安安安安安 (총6획) |

편안 안

· 便安(편안) : 몸이나 마음이 편하고 좋음.

재밌는 한자 '안녕(安寧)하세요?', '편안(便安)하시죠?' 할 때도 모두 '편안 안(安)' 자가 들어가요.

男子力事自祖孝安 夫 家

夫

지아비 부 (大부)

머리에 상투를 튼 모습을 본뜬 한자입니다.

에헴, 나도 이제 장가를 갔으니 상투도 틀고 어른이 되었군.

나도 빨리 장가가서 어른이 되고 싶다.

나도!

필순에 따라 써 보세요 夫 夫 夫 夫 (총4획)

지아비 부

· 夫婦(부부) : 남편과 아내.

'지아비' 란 '남편' 을 말해요.

男子力事自祖孝安夫 家

家
집 가 (宀부)

돼지를 키우는 집 모양을 본뜬 한자입니다.

어휘! 냄새,
집 안에 돼지 똥냄새가
가득하네.

꿀꿀아,
휴지 여기 있어.

필순에 따라 써 보세요 家家家家家家家家家家 (총 10획)

家	家	家	家	家	家
집 가					
家	家	家			

· 家門(가문) : 집안, 문중(門中).

 재밌는 한자

제주도의 똥돼지는 집 아래에서 키웠다고 합니다. 이 한자는 제주도처럼 남쪽 지방에서 생겨났겠지요?

재미있는 확인학습

훈장님 : 옥동자야! 앞에서 배운 10자의 음을 써 보는 문제다.
8급부터 여러 번 풀어본 문제 유형이니까 이번에도 할 수 있겠지?
옥동자 : 그럼요. 훈장님.

1. 나는 男子(　　　)입니다.

2. 우리 아버지는 동네에서 孝子(　　　)로 소문이 났습니다.

3. 오늘은 어떤 事(　　　)건이 있었는지 알아볼까?

4. 엄마와 아빠는 夫(　　　)부입니다.

5. 이 의자는 참 편 安(　　　)합니다.

6. 설날에는 祖(　　　)상님께 절하고 차례를 지냈습니다.

7. 저 선수는 지구 力(　　　)이 뛰어납니다.

8. 엄마가 自(　　　)신감을 가지라고 말씀하셨습니다.

9. 우리집 家(　　　)훈은 '성실' 입니다.

10. 선생님께는 두 명의 子(　　　)녀가 있습니다.

훈장님 : 앞에서 배운 것을 잘 기억해서 풀어 보렴. 옥동자, 화이팅!

11. '남자' 라는 뜻과 관계없는 한자는?
    ① 田   ② 力   ③ 安   ④ 男
12. 쟁기의 모습을 본뜬 한자로 쟁기를 쓰기 위해서 힘을 써야 한다는 뜻의 한자는?
    ① 祖   ② 安   ③ 事   ④ 力
13. 다음 한자들 중 획수가 가장 적은 한자는?
    ① 子   ② 家   ③ 孝   ④ 事
14. 남편이란 뜻을 가지고 있는 글자로 상투를 튼 남자 모습의 한자는?
    ① 老   ② 子   ③ 孝   ④ 夫
15. 示와 且를 합쳐서 만든 한자는?
    ① 安   ② 夫   ③ 祖   ④ 家
16. 자식이 늙은 부모님을 업고 있는 모습을 본뜬 한자는?
    ① 男   ② 子   ③ 安   ④ 孝
17. 옛 글자의 모습이 큰 대(大)와 가장 비슷한 한자는?
    ① 夫   ② 自   ③ 安   ④ 男
18. 자식이 부모를 잘 섬기는 도리를 뭐라고 하나?
    ① 孝道   ② 外食   ③ 工夫   ④ 讀書
19. 집 안에 여자가 편안히 있는 모습을 본뜬 한자는?
    ① 自   ② 安   ③ 夫   ④ 男
20. 집에서 돼지를 키우고 있는 모습의 한자는?
    ① 家   ② 孝   ③ 事   ④ 祖

훈장님 : 옥동자야, 내가 가르친 보람이 있구나.

옥동자 : 훈장님, 7급이 8급보다 조금 어렵긴 하지만 더 재미있어요.

기출 및 예상 문제   男子力事自祖孝安夫家

1. 아래 한자의 훈(뜻)과 음(소리)을 쓰세요.

   1) 男 (   )   6) 祖 (   )

   2) 子 (   )   7) 孝 (   )

   3) 力 (   )   8) 安 (   )

   4) 事 (   )   9) 夫 (   )

   5) 自 (   )   10) 家 (   )

2. 아래 한자어의 독음을 쓰세요.

   1) 男子 (   )   6) 祖父 (   )

   2) 子女 (   )   7) 孝道 (   )

   3) 活力 (   )   8) 便安 (   )

   4) 每事 (   )   9) 農夫 (   )

   5) 自信 (   )   10) 家事 (   )

3. 다음 물음에 어울리는 답을 보기에서 골라 알맞은 번호를 쓰세요.

보기	①男	②子	③力	④事	⑤自
	⑥祖	⑦孝	⑧安	⑨夫	⑩家

1) '자'라는 발음과 '아들'이라는 뜻을 가진 한자는? (　　)
2) '안'이라는 발음과 '편안하다'라는 뜻을 가진 한자는? (　　)
3) '남'이라는 발음과 '남자'라는 뜻을 가진 한자는? (　　)
4) '사'라는 발음과 '일'이라는 뜻을 가진 한자는? (　　)
5) '가'라는 발음과 '집'이라는 뜻을 가진 한자는? (　　)
6) '부'라는 발음과 '지아비'라는 뜻을 가진 한자는? (　　)
7) '자'라는 발음과 '스스로'라는 뜻을 가진 한자는? (　　)
8) '효'라는 발음과 '효도'라는 뜻을 가진 한자는? (　　)
9) '조'라는 발음과 '할아버지'라는 뜻을 가진 한자는? (　　)
10) '력'이라는 발음과 '힘'이란 뜻을 가진 한자는? (　　)

4. 다음 빈 칸에 들어갈 알맞은 한자를 보기에서 골라 번호를 쓰세요.

기출 및 예상 문제 男子力事自祖孝安夫家

1) 네 일은 네 스스로(　　) 해라!

2) 왼쪽(　　) 손으로 일하기는 불편한 것이 많다.

3) 어제 축구하다가 오른(　　) 발을 다쳤다.

4) 마당(　　)에 늘어놓은 곡식을 빨리 걷어라!

5) 올 여름에는 더위를 피해 바다(　　)로 갔다.

6) 글씨는 항상 똑바르게(　　) 써야 한다.

7) 너는 왜 이렇게 움직임(　　)이 느리니?

8) 목수(木　　) 솜씨가 정말 좋다.

9) 앉은 자세는 항상 곧게(　　) 해야 한다.

10) 공장(　　場)에서는 많은 물건들을 만들어 낸다.

5. 다음 훈(뜻)과 음(소리)에 알맞은 한자를 쓰세요.

1) 남자 남 (　　　)   4) 효도 효 (　　　)

2) 힘 력 (　　　)   5) 집 가 (　　　)

3) 스스로 자 (　　　)

6. 力 (힘 력)에서 화살표가 있는 획은 몇 번째로 쓰나요?

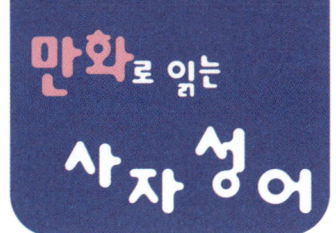

坐不安席 (좌불안석)

자리에 편안히 앉지 못한다는 뜻으로, 불안이나 근심 등으로 한 자리에 오래 앉아 있지 못하는 것을 말합니다.

❖ 坐:앉을 좌, 不:아닐 불, 安:편안 안, 席:자리 석

※ 그림 속에 숨어 있는 主 (주인 주), 植 (심을 식), 育 (기를 육), 千 (일천 천), 午 (낮 오), 夕 (저녁 석), 數 (셀 수), 算 (계산할 산), 問 (물을 문), 答 (대답할 답)을 찾아보세요.

7급 ②급수한자.kr

월　일 확인:

주인 주 (丶부)

主 植育千午夕數算問答

햇불 모양을 본뜬 한자입니다.

불을 가지는 사람이 이 땅의 주인이다.

주인님!

필순에 따라 써 보세요　主 主 主 主 主 (총5획)

主　主　主　主　主　主

주인 주

主　主　主

· 主人(주인) : 물건의 임자.

7급 ②급수한자.kr

월   일 확인:

主 (植) 育 千 午 夕 數 算 問 答

木 + 直 = 植

나무 목(木)과 곧을 직(直)이 합쳐진 한자입니다.

植
심을 식 (木부)

오늘은 식목일! 나무를 심는날.

영차영차! 나무를 심자.

굵적 굵적

나는 머리를 심어야 하나.

필순에 따라 써 보세요 植 植 植 植 植 植 植 植 植 植 (총12획)

植	植	植	植	植
심을 식				
植	植	植		

· 植木日(식목일) : 산림녹화를 위해 해마다 나무를 심도록 정한 날. 4월 5일.

재밌는 한자 나무를 심는 것을 '식목' 이라고도 하고, 樹(나무 수)를 써서 '식수(植樹)' 라고도 해요.

45

主 植 (育) 千 午 夕 數 算 問 答

아기가 거꾸로 태어나는 모습에서 유래된 한자입니다.

育
기를 육 (月(肉)부)

엄마, 기를 육(育)은 너무 어려워요.

아이가 커가면서 살이 붙는다고 해서 고기 육(肉, 月:육달월)이 더해진 걸로 생각하면 쉽단다.

필순에 따라 써 보세요   育育育育育育育育 (총8획)

育
기를 육

· 教育(교육) : 지식을 가르치고 품성과 체력을 기름.

월   일 확인: _____

主 植 育 千 午 夕 數 算 問 答

千
일천 천 (十부)

사람 모습에 가로 획 '一'을 그어 나타낸 한자입니다.

여지껏 내가 먹은 물고기가 도대체 몇 마리지?

100이 10개니까 1000개네. 어떻게 표시를 하지? 그래, 사람 모습에 가로 획을 하나 그어 표시해야겠다.

| 필순에 따라 써 보세요 | 千 千 千 (총3획) |

일천 천

·千軍萬馬(천군만마) : 천 명의 군사와 만 마리의 군마라는 뜻으로 많은 군사와 말을 이르는 말.

재밌는 한자 — 옛날 갑골문에서는 사람의 모습에 가로획 하나를 그어 일천, 획을 두 개 그어 이 천으로 표시했어요.

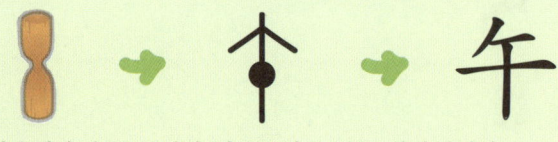

午

낮 오 (十부)

가운데가 움푹 들어간 절굿공이를 본뜬 한자입니다.

옛날에 가운데가 움푹 들어간 절굿공이의 모습에서 생각해 낸 거래.

그런데 지금은 '낮'이란 뜻으로 쓰이는 거구나. 막대그림자가 짧은 걸 보니 12시 정오(正午)네. 점심 먹어야겠다.

필순에 따라 써 보세요   午 午 午 午 (총 4획)

午	午	午	午	午	午

낮 오

午	午	午			

· 正午(정오) : 낮 열두시.

재밌는 한자   지금의 절굿공이란 한자는 '木'을 붙여서 杵(절굿공이 저)로 쓰지요.

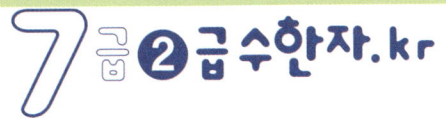

主 植 育 千 午 夕 數 算 問 答

夕
저녁 석 (夕부)

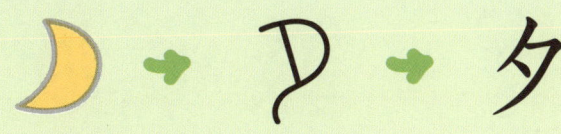

달 월(月)과 어원이 같은 한자입니다.

훈장님,! 저녁 석(夕)하고 달 월(月)은 정말 비슷하게 생겼는걸요.

달 월(月)에서 한 획이 빠져 저녁이란 뜻이 되었기 때문이지.

필순에 따라 써 보세요   夕 夕 夕 (총3획)

저녁 석

· 夕陽(석양) : 저녁 해.
· 秋夕(추석) : 우리 나라 명절 중 하나로 한가위라고도 함. 음력 8월 15일.

主植育千午夕 數 算問答

막대기를 들고 포개 놓은 물건을 세는 모습을 본뜬 한자입니다.

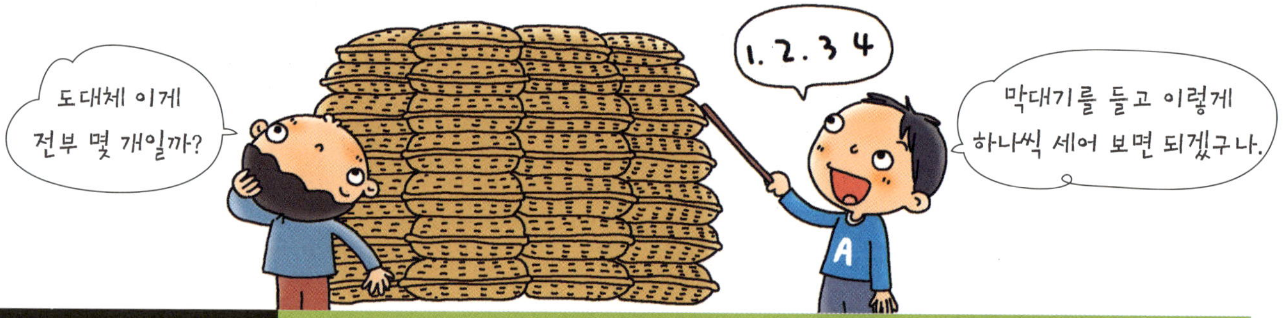

도대체 이게 전부 몇 개일까?

1.2.3.4

막대기를 들고 이렇게 하나씩 세어 보면 되겠구나.

필순에 따라 써 보세요　數數數數數數數數數數數數數數數 (총 15획)

數
셀 수

· **數學**(수학) : 수량 및 도형의 성질이나 관계를 연구하는 학문.

主 植 育 千 午 夕 數 (算) 問 答

算
계산할 산 (竹부)

주판으로 계산하는 모습을 본뜬 한자입니다.

계산하다는 한자는 어떻게 만들어진 걸까?

주판은 대나무로 만들었으니까 맨 위에 대나무 죽(竹), 아랫부분은 두 손으로 주판[目]을 튕기면서 계산하는 모습이야.

| 필순에 따라 써 보세요 | 算算算算算算算算算算算算算算 (총14획) |

算 算 算 算 算 算

계산할 산

算 算 算

· 算數(산수) : 더하기, 빼기, 곱하기, 나누기 등을 다루는 초보적인 수학.

問

물을 문 (口부)

主植育千午夕數算 問 答

門 + 口 = 問

문 문(門)과 입 구(口)가 합쳐진 한자입니다.

'道'란 무엇인지요?

여기가 준호네 맞나요?

여기가 바로 준호네 야. 문 앞에서 묻지 말고 어서 들어오렴.

| 필순에 따라 써 보세요 | 問 問 問 問 問 問 問 問 問 (총11획) |

問

물을 문

問 問 問

· 問答(문답) : 물음과 대답, 또는 서로 묻고 대답함.

재밌는 한자 문[門]에 입[口]이 붙으면 물을 문(問), 귀[耳]가 붙으면 들을 문(聞)이 되요.

7급 2급수한자.kr

월   일 확인:

主植育千午夕數算問 答

竹 + 合 = 答

대답할 답 (竹부)

대나무 죽(竹)과 발음을 결정한 합할 합(合)이 합쳐진 한자입니다.

맑게 개인 하늘과 같은 것이란다.

대답할 답(答)은 대나무의 모양을 본뜬 죽(竹)과 발음을 결정한 합(合)이 합쳐진 한자야.

답(答)과 합(合)은 발음이 비슷하구나. '합(合)'이 들어간 한자가 또 뭐가 있지?

탑(塔)이 있잖아. 탑(塔)도 합(合)과 발음이 비슷하네.

필순에 따라 써 보세요 答答答答答答答答答答答答 (총 12획)

答
대답할 답

· 對答(대답) : 묻는 말에 자기의 뜻을 나타냄, 또는 그 말.

재밌는 한자 合(합), 答(답), 塔(탑)은 '合(합할 합)'이 음을 결정한 한자예요.

재미있는 확인학습

 훈장님 : 옥동자가 한문 시간에 열심히 안 하는 줄 알았더니 제법인걸. 앞에서 배운 10자를 상기하면서 풀어 보자.
 옥동자 : 훈장님. 제가 수업 시간에 얼마나 열심히 공부했는데요. 이번에도 문제없어요.

1. 어린이를 바르게 교育(　　　)하는 일은 중요합니다.

2. 이 영화의 主(　　　)인공은 매우 잘 생겼습니다.

3. 내일은 나무를 심는 植(　　　)목일입니다.

4. 우리 형은 數(　　　)학 선생님입니다.

5. 아빠는 좋은 계算(　　　)기를 가지고 있습니다.

6. 선생님은 우리들의 질問(　　　)에 언제나 친절하게 답해 주십니다.

7. 친구의 편지에 答(　　　)장을 썼습니다.

8. 우리 마을에는 모두 千(　　　)명이 살고 있습니다.

9. 친구와 내일 정午(　　　)에 도서관에서 약속을 했습니다.

10. 붉은 夕(　　　)양이 아름답습니다.

훈장님 : 이번에는 쓰기 문제도 있구나. 열심히 공부했으니까 쓰기도 잘 할 수 있을 거야.

11. 저녁 석(夕)의 원래 모습과 같은 유래를 가진 한자는?
    ① 月   ② 肉   ③ 育   ④ 六

12. 다음 괄호 안에 들어갈 적당한 한자는?
    一, 十, 百, (   ), 萬.

13. 다음 중 해가 가장 높이 떠 있는 12시를 가리키는 한자어는?
    ① 正午   ② 午後   ③ 午前   ④ 子時

14. '묻다' 는 뜻을 가진 한자는?
    ① 問   ② 聞   ③ 閑   ④ 開

15. '묻다' 는 뜻과 반대의 뜻을 가진 한자는?
    ① 合   ② 答   ③ 主   ④ 夕

16. 사람 인(人)에 한 획을 그어 1,000이라는 숫자를 뜻하는 한자는?
    ① 十   ② 答   ③ 千   ④ 夕

17. 횃불의 모습을 본뜬 한자로 '주' 라고 읽는 것은?
    ① 育   ② 千   ③ 午   ④ 主

18. '대답할 답(答)' 과 반대되는 뜻을 가진 한자는?
    ① 數   ② 算   ③ 問   ④ 夕

19. 다음 한자들 중 숫자를 나타내는 것은?
    ① 千   ② 夕   ③ 午   ④ 育

20. '심는다' 는 뜻을 가진 한자는?
    ① 午   ② 主   ③ 植   ④ 數

훈장님 : 우리 옥동자 멋진데.
옥동자 : 뭘 이 정도 가지고요. 헤헤헤.

기출 및 예상 문제 主植育千午夕數算問答

1. 다음 한자의 훈(뜻)과 음(소리)을 쓰세요.

   1) 主 (   )   6) 夕 (   )

   2) 植 (   )   7) 數 (   )

   3) 育 (   )   8) 算 (   )

   4) 千 (   )   9) 問 (   )

   5) 午 (   )   10) 答 (   )

2. 다음 한자의 독음을 쓰세요.

   1) 主人 (   )

   2) 植木日 (   )

   3) 敎育 (   )

   4) 千里 (   )

   5) 正午 (   )

   6) 秋夕 (   )

   7) 數學 (   )

   8) 算數 (   )

   9) 問答 (   )

   10) 正答 (   )

3. 다음 물음에 어울리는 한자를 보기에서 골라 알맞은 번호를 쓰세요.

보기
① 主   ② 植   ③ 育   ④ 千   ⑤ 夕
⑥ 午   ⑦ 數   ⑧ 算   ⑨ 問   ⑩ 答

1) '주인' 이라는 뜻을 가진 한자는? (   )
2) '심다' 라는 뜻을 가진 한자는? (   )
3) '대답하다' 라는 뜻을 가진 한자는? (   )
4) '저녁' 이라는 뜻을 가진 한자는? (   )
5) '계산하다' 라는 뜻을 가진 한자는? (   )
6) '낮' 이라는 뜻을 가진 한자는? (   )
7) '기르다' 라는 뜻을 가진 한자는? (   )
8) '세다' 라는 뜻을 가진 한자는 ? (   )
9) '질문하다' 라는 뜻을 가진 한자는? (   )
10) '천' 이라는 뜻을 가진 한자는? (   )

4. 아래 한자어의 뜻을 쓰세요.

1) 便所 (   )   3) 前後 (   )
2) 問答 (   )   4) 出入 (   )

기출 및 예상 문제   主植育千午夕數算問答

5. 다음 빈 칸에 들어갈 알맞은 한자를 보기에서 골라 번호를 쓰세요.

> 보기 ①主 ②植 ③育 ④千 ⑤午
>   ⑥夕 ⑦數 ⑧力 ⑨問 ⑩答

1) 저녁(   ) 노을은 참으로 아름답다.

2) 이 개 주인(人)은 누구세요?

3) 오전(前)에 분명히 와야 한다.

4) 나는 100이 넘는 수(   )는 세지 못한다.

5) 묻는(   )말에 올바른 답을 해라.

6) 묻는 말에 올바른 답(   )을 해라.

6. 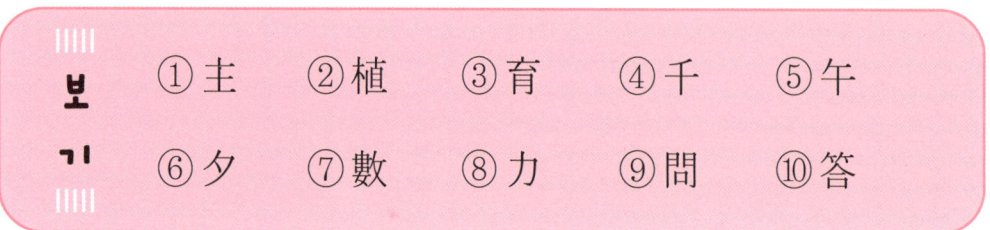(낮 오)에서 화살표가 있는 획은 몇 번째로 쓰나요?

만화로 읽는 사자성어

落心千萬 (낙심천만)

마음이 상한 것이 천만과 같다는 뜻으로, 몹시 낙망(落望)하게 되는 것을 말합니다.

❖ 落:떨어질 락, 心:마음 심, 千:일천 천, 萬:일만 만

❖ 그림 속에 숨어 있는 漢 (한나라 한), 立 (설 립), 登 (오를 등), 邑 (고을 읍), 上 (윗 상), 下 (아래 하), 平 (평평할 평), 里 (마을 리), 洞 (고을 동), 旗 (깃발 기)를 찾아보세요.

漢

한나라 한 (氵부)

漢 立登邑上下平里洞旗

氵 + 莫 = 漢

중국의 강 이름에서 유래된 한자입니다.

한(漢)은 왜 부수가 물 수(氵/水)변이지? 물과 관련된 한자도 아닌데…

한(漢)은 뜻을 결정한 물 수(氵/水)와 발음을 결정한 난(莫)이 합쳐진 한자로 원래 양자강의 한 지류를 가리키는 이름이었기 때문이야.

필순에 따라 써 보세요 漢漢漢漢漢漢漢漢漢漢漢漢漢漢 (총 14획)

· 漢字(한자) : 중국 고유의 문자인 표의적 음절 문자로 한국, 중국, 일본 등에서 쓰고 있다.

漢 立 登邑上下平里洞旗

立
설 립 (立부)

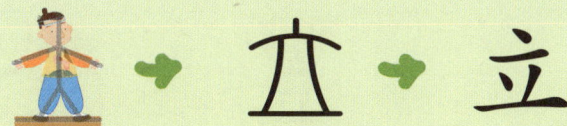

땅 위에 사람이 팔을 벌리고 서 있는 모습을 본뜬 한자입니다.

설 립(立)은 사람이 모자를 쓰고 있는 것 같아.

그게 아니고 사람이 양 팔을 벌리고 서 있는 모습인 큰 대(大)와 땅을 상징하는 한 일(一)이 합쳐진 한자야.

필순에 따라 써 보세요   立 立 立 立 立 (총 5획)

立	立	立	立	立	立
설 립					
立	立	立			

· 立春(입춘) : 봄의 시작. 24절기 중의 하나.

7급 2급수한자.kr

월 일 확인:

漢 立  邑 上 下 平 里 洞 旗

오를 등 (癶부)

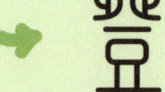 → 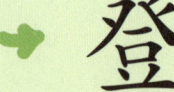 → 登

그릇을 들고 계단을 올라가는 모습을 본뜬 한자입니다.

2층에 있는 아버지께 차를 갖다드리렴.

그릇을 들고 계단을 올라갈 때는 조심조심 발 밑을 보고 가야 해.

| 필순에 따라 써 보세요 | 登登登登登登登登登登登登 (총12획) |

登	登	登	登	登	登
오를 등					
登	登	登			

· 登山(등산) : 산에 오름.

漢 立 登 **邑** 上 下 平 里 洞 旗

邑
고을 읍 (邑부)

 ➜ 邑 ➜ 邑

어떤 지역 아래 사람이 꿇어 앉아 있는 모습에서 유래된 한자입니다.

 훈장님, 고을 읍(邑)은 어떻게 만들어진 한자인가요?

 어떤 지역을 나타내는 '口'와 사람이 꿇어 앉아 있는 모습을 합친 한자지.

| 필순에 따라 써 보세요 | 邑 邑 邑 邑 邑 邑 邑 (총 7획) |

邑	邑	邑	邑	邑	邑
고을 읍					
邑	邑	邑			

· 邑內(읍내) : 읍의 구역 안, 혹은 고을.

앗! 조심 '郡(군), 都(도)'에서처럼 오른쪽의 'ß'는 '邑(고을 읍)'이 변한 것이고, '降(강), 陸(육)'의 'ß'는 '阜(언덕 부)'가 변한 거예요.

월   일 확인:

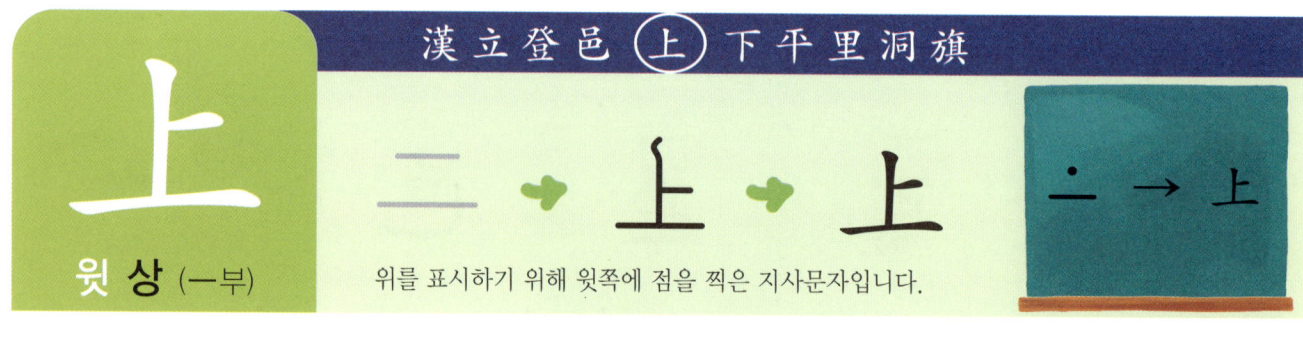

上
윗 상 (一부)

위를 표시하기 위해 윗쪽에 점을 찍은 지사문자입니다.

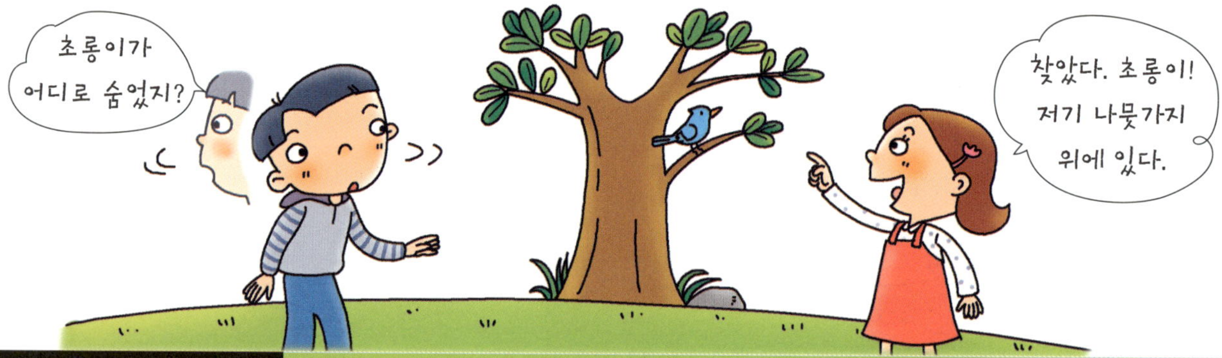

필순에 따라 써 보세요   上 上 上 (총3획)

上 上 上 上 上 上 上

윗 상

上 上 上

· 天上天下(천상천하) : 하늘 위, 하늘 아래란 뜻으로 온 세상, 온 우주.

漢 立 登 邑 上 下 平 里 洞 旗

下
아래 하 (一부)

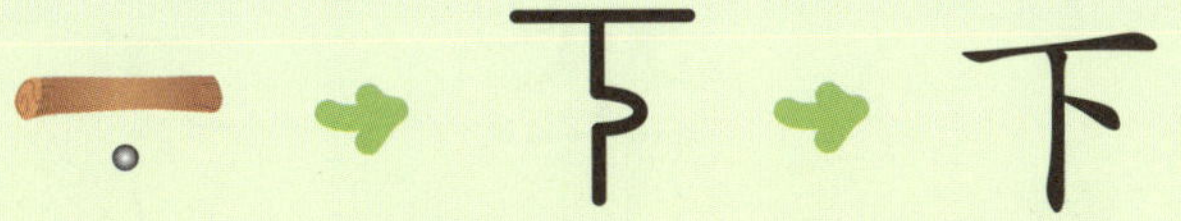

一 → 下 → 下

아래를 표시하기 위해 아랫쪽에 점을 찍은 지사문자입니다.

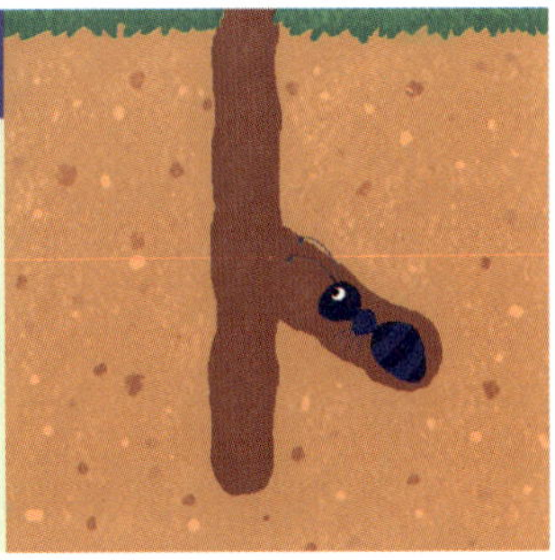

어라, 초롱이가 또 없어졌네.

에이, 나뭇가지 밑에 있잖아.

필순에 따라 써 보세요 下 下 下 (총 3획)

下 下 下 下 下 下 下

아래 하

下 下 下

· 地下(지하) : 땅 속.

상대·반의어

'下(아래 하)'의 반의어는 '上(윗 상)'

漢 立 登 邑 上 下 ㊗平 里 洞 旗

平 평평할 평 (干부)

양쪽으로 팔을 벌리고 있는 접시저울의 모습을 본뜬 한자입니다.

이걸 똑같이 나누려면 저울로 무게를 달아 봐야겠다.

천칭이 평평하면 무게가 같은 거니까 똑같이 나눌 수 있겠다.

필순에 따라 써 보세요 平 平 平 平 平 (총 5획)

평평할 평

· 平行(평행) : 두 직선이나 평면을 무한하게 연장하여도 만나지 않고 나란히 나감.

재밌는 한자 저울의 모습에서 평평할 평(平)이 나왔지만 지금은 '저울 칭(秤)'을 쓰지요.

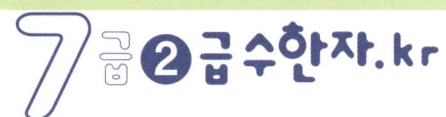

漢 立 登 邑 上 下 平 **里** 洞 旗

마을 리 (里부)

 ➡  ➡

밭[田]과 흙[土]의 모습을 본뜬 한자입니다.

옛날 사람들은 어떻게 살았을까?

대부분 농사를 짓고 살았지.

아하! 그래서 마을 리(里)도 흙 토(土)와 밭 전(田)이 합쳐져서 만들어졌구나.

| 필순에 따라 써 보세요 | 里 里 旦 旦 旦 里 里 (총7획) |

里 里 里 里 里 里

마을 리

里 里 里

· 里長(이장) : 행정구역의 하나인 리(里)의 사무를 맡아보는 사람.

漢 立 登 邑 上 下 平 里 (洞) 旗

氵 + 同 = 洞

고을 동 (氵/水부)

뜻을 결정한 물 수(水/氵)와 발음을 결정한 한가지 동(同)이 합쳐진 한자입니다.

필순에 따라 써 보세요 洞洞洞洞洞洞洞洞洞 (총9획)

洞 고을 동

· 洞事務所(동사무소) : 행정구역의 하나인 동의 행정 사무를 맡아 보는 곳.

7급 ②급수한자.kr

漢 立 登 邑 上 下 平 里 洞 **旗**

旗
깃발 기 (方部)

认 + 其 = 旗

깃대와 깃발의 모양을 본뜬 한자입니다.

필순에 따라 써 보세요 旗旗旗旗旗旗旗旗旗旗旗旗旗旗 (총14획)

旗
깃발 기

· 國旗(국기) : 한 나라를 상징하는 기.

재미있는 확인학습

훈장님 : 옥동자야, 어려운 한자들이 많은데 다 외울 수 있겠니?
배우는 한자 수가 느는만큼 옥동자의 한자 실력도 쑥쑥 늘어가는구나.
옥동자 : 친구들이 저 보고 한자 대장이래요.

1. 漢(　　　)강에서 유람선을 탔습니다.

2. 우리 학교 앞에 마을회관을 설立(　　　)하였습니다.

3. 우리 할아버지는 登(　　　)산을 즐기십니다.

4. 동생은 태극旗(　　　)를 잘 그립니다.

5. 동생과 나는 邑(　　　)내에 책을 사러 갔습니다.

6. 다음 기차역은 십里(　　　)를 더 가야합니다.

7. 저 아저씨는 우리 동의 洞(　　　)장입니다.

8. 군인 아저씨들은 平(　　　)화를 지키기 위해 애쓰십니다.

9. 지下(　　　)철을 타고 할아버지댁에 갔습니다.

10. 우리집 옥上(　　　)에는 작은 화단이 있습니다.

훈장님 : 과연 내 제자 답구나. 남은 문제도 열심히 해 보자.

11. 서울 시내를 가로지르는 큰 강은?
    ① 漢江   ② 錦江   ③ 洛東江   ④ 大同江
12. 다음 밑줄 친 단어에 들어가는 공통된 한자는?

    > 요즘 등교할 때나 등산을 할 땐 언제나 옷을 두둑이 입고 가야 한다.

    ① 登   ② 下   ③ 立   ④ 旗
13. 서로 반대되는 한자끼리 묶인 것은?
    ① 登 – 平   ② 上 – 下   ③ 洞 – 旗   ④ 邑 – 漢
14. 마을 리(里)자 안에 숨어 있는 한자는?
    ① 田   ② 上   ③ 人   ④ 下

아래의 한자에서 맞는 답을 고르세요. (15~20)

| ① 漢 | ② 立 | ③ 登 | ④ 邑 | ⑤ 上 |
| ⑥ 下 | ⑦ 平 | ⑧ 里 | ⑨ 洞 | ⑩ 旗 |

15. 上(상)자가 거꾸로 된 형태의 한자는? (   )
16. 어느 쪽으로도 기울지 않은 저울대의 모양을 본뜬 한자는? (   )
17. '올라가다'는 뜻을 가지고 '등'이라고 발음하는 한자는? (   )
18. 나라 이름이기도 하고 강의 이름이기도 한 한자는? (   )
19. 사람이 땅을 디디고 서 있는 모습의 한자는? (   )
20. 漢(한)과 같은 부수인 한자는? (   )

훈장님 : 벌써 다 풀었구나. 힘들면 조금 쉬었다 할까?

옥동자 : 뭘 이 정도 가지고요. 뒷장에 있는 한자 문제 마저 풀게요.

기출 및 예상 문제   漢立登邑上下平里洞旗

1. 다음 한자의 훈(뜻)과 음(소리)를 쓰세요.

   1) 漢 (   )   6) 下 (   )
   2) 立 (   )   7) 平 (   )
   3) 登 (   )   8) 里 (   )
   4) 邑 (   )   9) 洞 (   )
   5) 上 (   )   10) 旗 (   )

2. 다음 한자어의 독음을 쓰세요.

   1) 漢文 (   )
   2) 立冬 (   )
   3) 登山 (   )
   4) 邑內 (   )
   5) 祖上 (   )
   6) 地下 (   )
   7) 平生 (   )
   8) 洞口 (   )
   9) 洞長 (   )
   10) 國旗 (   )

3. 다음 빈 칸에 알맞은 한자를 보기에서 골라 번호를 쓰세요.

> 보기 ①漢 ②立 ③登 ④邑 ⑤上
> ⑥下 ⑦平 ⑧里 ⑨洞 ⑩旗

1) 한강(　　江)은 굉장히 큰 강이다.

2) 내일은 우리 읍내(　　內) 장날이다.

3) 태극기(太極　　)가 바람에 펄럭입니다.

4) 우리 가족은 일요일마다 등산(　　山)을 한다.

5) 서(　　) 있을 때 보다 앉아 있을 때가 편하다.

6) 산길 보다 평지(　　地)를 걷는 것이 편하다.

7) 우리 동네 동장(　　長)님은 언제나 부지런하다.

8) 우리 마을(　　)에는 유명한 산이 있다.

9) 아래(　　)층 사람들과 우리 집은 친척간이다.

10) 산 위(　　)에 올라가면 바람이 정말로 시원하다.

4. 다음 단어의 뜻을 쓰세요.

1) 少時 (　　　　) 4) 活氣 (　　　　)

2) 上下 (　　　　) 5) 食口 (　　　　)

3) 洞口 (　　　　)

기출 및 예상 문제　漢立登邑上下平里洞旗

5. 다음 물음에 알맞은 한자를 보기에서 골라 번호를 쓰세요.

보기
① 少　② 時　③ 老　④ 口　⑤ 每
⑥ 食　⑦ 活　⑧ 氣　⑨ 面　⑩ 百

1) '시간' 이란 뜻을 가진 한자는? (　　　)

2) '늙다' 는 뜻을 가진 한자는? (　　　)

3) '백' 이란 뜻을 가진 한자는? (　　　)

4) '입' 이란 뜻을 가진 한자는? (　　　)

5) '기운' 이란 뜻을 가진 한자는? (　　　)

6. 平 (평평할 평)에서 화살표가 있는 획은 몇 번째로 쓰나요?

만화로 읽는 사자성어

燈下不明 (등하불명)

'등잔 아래가 밝지 않다'는 뜻으로 가까운 데 생긴 일을 먼 곳의 일보다 도리어 더 모른다는 말입니다.

❖ 燈:등 등, 下:아래 하, 不:아닐 불, 明:밝을 명

※ 그림 속에 숨어 있는 姓 (성 성), 名 (이름 명), 文 (글월 문), 語 (말씀 어), 歌 (노래 가), 字 (글자 자), 記 (기록할 기), 世 (세상 세), 全 (온전할 전), 來 (올 래)를 찾아보세요.

姓

姓 名文語歌字記世全來

女 + 生 = 姓

성 성 (女부)

어머니[女]가 낳은[生] 아들에게 주는 성(姓)이라는 뜻입니다.

姓: 옥
名: 동자

내 아들은 내 성(姓)을 따라야 한다.

옛날에는 어머니 성을 따랐었대.

그럼 나도 옛날에 태어났으면 김민희가 아니고 정민희겠네.

필순에 따라 써 보세요 姓 姓 姓 姓 姓 姓 姓 (총 8획)

姓
성 성

姓 姓 姓

· 姓氏(성씨).

기억나요? 성 씨(氏)를 어디서 보았나요? 바로 '종이지(紙)' 속에 있었어요.

姓 名 文語歌字記世全來

名 이름 명 (口부)

夕 + 口 = 名

저녁 석(夕)과 입 구(口)가 합쳐진 한자입니다.

이름 명(名)은 저녁 석(夕)과 입 구(口)가 합쳐진 한자야.

와! 다 아는 한자들이 합쳐진 글자네!

오늘 또 하나 배웠다.

| 필순에 따라 써 보세요 | 名 名 名 名 名 名 (총6획) |

이름 명

· 姓名(성명) : 성과 이름. 씨명(氏名).

재밌는 한자 달 월(月)과 저녁 석(夕)은 모두 '달'의 모습에서 온 글자예요.

姓名 文 語歌字記世全來

글월 문 (文부)

사람의 가슴에 문신을 새긴 모습을 본뜬 한자입니다.

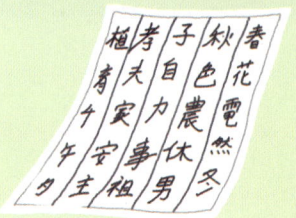

| 필순에 따라 써 보세요 | 文 文 文 文 (총4획) |

글월 문

· 文身(문신) : 살갗을 바늘로 찔러 먹물이나 물감으로 글씨, 그림, 무늬를 새기는 일, 또는 그렇게 새긴 몸.

姓 名 文 (語) 歌 字 記 世 全 來

語

말씀 어 (言부)

言 + 吾 = 語

뜻을 결정한 말씀 언(言)과 발음을 결정한 나 오(吾)가 합쳐진 한자입니다.

| 필순에 따라 써 보세요 | 語語語語語語語語語語語語語語 (총 14획) |

語 말씀 어

· 國語(국어) : 자기 나라의 말. 나라말.

재밌는 한자 '말' 과 관련되니 역시 입 구(口)가 두 개나 들어 있지요?
말이란 서로 주고받는 것이니까요.

歌

姓名文語 歌 字記世全來

哥 + 欠 = 歌

노래 가 (欠부)

뜻을 결정한 하품 흠(欠)과 발음을 결정한 형 가(哥)가 합쳐진 한자입니다.

하품하는 모습이 꼭 노래 하는 것 같네.

하 ~

흠흠, 목청을 가다듬고 노래나 한번 해 볼까.

필순에 따라 써 보세요

歌 歌 歌 歌 歌 歌 歌 歌 歌 歌 歌 歌 歌 歌 (총 14획)

歌
노래 가

· 歌手(가수) : 노래를 부르는 일을 직업으로 삼는 사람.

7급

姓名文語歌 字 記世全來

字
글자 자 (子부)

 →  → 字

집에 아이가 늘어나듯이 글자도 늘어난다는 뜻에서 유래된 한자입니다.

컴퓨터처럼 새로운 것이 발명될 때마다 옛날에는 없던 글자가 생겨난단다.

집에 아이가 새로 태어나듯이 글자도 자꾸 태어나는구나.

필순에 따라 써 보세요   字字字字字字 (총6획)

字   字 字 字 字 字

글자 자

字 字 字

· 文字(문자) : 글자, 언어를 적는데 사용하는 기호체계.

재밌는 한자
집 안에 여자가 있으면? 安(편안 안)
집 안에 돼지가 있으면? 家(집 가)
집 안에 아들이 있으면? 字(글자 자)

姓名文語歌字 記 世全來

記

기록할 기 (언부)

言 + 己 = 記

뜻을 결정한 말씀 언(言)과 발음을 결정한 몸 기(己)가 합쳐진 한자입니다.

어! 기록할 기(記)에도 말씀 언(言)이 들어갔네. 말씀 언(言)이 들어간 한자는 모두 글자나 말과 관련이 있는 것 같아요.

우리 준이가 제법이구나. '日記(일기)'도 매일매일 기록하는 글을 말하지.

필순에 따라 써 보세요   記記記記記記記記記記 (총 10획)

記 기록할 기

- 日記(일기) : 그날 그날 겪은 일이나 감상 등을 적은 개인의 기록.

姓名文語歌字記 世 全來

세상 세 (一부)

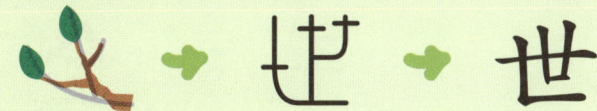

세 개의 나뭇잎이 세상 구경하러 나온 모습을 본뜬 한자입니다.

| 필순에 따라 써 보세요 | 世 世 世 世 世 (총 5획) |

世					
세상 세					
世	世	世			

· 世上(세상) : 인간이 살고 있는 모든 사회.

姓名文文語歌字記世 全 來

全
온전할 전 (入부)

入 + 玉 = 全

들어갈 입(入)과 임금 왕(王)처럼 보이지만 구슬 옥(玉)이 합쳐진 한자입니다.

구슬[玉]을 어디에 두면 좋을까요?

우리집의 보배이니 여기 넣어[入] 잘 보관합시다.

필순에 따라 써 보세요　全 全 全 全 全 全 (총6획)

全	全	全	全	全	全

온전할 전

全	全	全			

· 安全(안전) : 위험하지 않음, 또는 위험이 없는 상태.

來

올 래 (人부)

姓名文語歌字記世全 來

보리 모양을 본뜬 한자입니다.

- 엄마, 보리밥은 정말 맛있어요.
- 정말 맛있지? 보리는 하늘에서 내려 온 행운의 곡식이라고 한단다.

필순에 따라 써 보세요 來來來來來來來來 (총8획)

올 래

· 來日(내일) : 1.오늘의 바로 다음날. 2.'미래'를 비유적으로 이르는 말.

재밌는 한자 '거래(去來)한다' 는 말 들어 봤죠? '去(거)' 는 '간다' 는 뜻이고 '來(래)' 는 '온다' 는 뜻이니 서로 재화와 물건이 오고 간다는 뜻이에요.

재미있는 확인학습

훈장님 : 이제 7급도 거의 다 끝나가는구나.
우리 옥동자는 한자 공부가 정말 재미있나 보구나.

옥동자 : 네, 훈장님. 이제 모의고사에 도전할 준비도 해야 겠죠?

1. 우리 누나는 영語(   )를 잘합니다.

2. 아버지 姓(   )은 김입니다.

3. 선생님께서는 아침마다 姓名(   )을 부르십니다.

4. 오늘은 작文(   ) 숙제가 있습니다.

5. 나는 매일 일記(   )를 씁니다.

6. 나는 언젠가 世(   )계일주를 할 것입니다.

7. 나는 來(   )일 친구와 놀이 공원에 갑니다.

8. 오늘 한字(   ) 시험을 봤습니다.

9. 내 동생은 歌(   )수가 되고 싶어합니다.

10. 全(   )교생이 모두 모여 영화를 봤습니다.

훈장님 : 이러다가 옥동자가 나보다 한자를 더 잘하겠는걸.

11. 이름 명(名)의 윗부분은 무슨 뜻을 가진 한자인가?
　　①아침　　②점심　　③저녁　　④하늘
12. 한자들의 읽는 소리가 잘못 연결된 것은?
　　①文-문　　②全-전　　③來-래　　④世-제
13. '계집 녀'와 '날 생'이 합쳐지면?
　　①文　　②世　　③全　　④姓
14. 입을 벌리고 크게 노래하는 모습으로 '欠'이 들어간 한자는?
　　①歌　　②姓　　③文　　④字

아래의 한자에서 맞는 답을 고르세요.(15~20)

　　①姓 ②名 ③文 ④語 ⑤歌 ⑥字 ⑦記 ⑧世 ⑨全 ⑩來

15. 보리 모양을 본뜬 한자는?(　　　　)

16. 이름 앞에 붙는 '성'의 뜻을 가진 한자는?(　　　　)

17. 말을 '기록하다'는 뜻을 가진 한자는?(　　　　)

18. 말씀 어(語)의 왼쪽에 붙은 한자의 뜻은?
　　①말　　②노래　　③모습　　④사람

19. '文'자를 어떻게 읽나?
　　①강　　②문　　③인　　④래

20. 자신의 이름을 한자로 쓰세요.(　　　　　　)

 훈장님 : 짝짝짝, 옥동자가 드디어 8급에 이어 7급까지 해냈구나.

 옥동자 : 헤헤헤, 6급에도 빨리 도전해 보고 싶어요.

기출 및 예상 문제

姓名文語歌字記世全來

1. 다음 한자의 훈(뜻)과 음(소리)을 쓰세요.

   1) 姓　(　　　)　　　6) 字　(　　　)
   2) 名　(　　　)　　　7) 記　(　　　)
   3) 文　(　　　)　　　8) 世　(　　　)
   4) 語　(　　　)　　　9) 全　(　　　)
   5) 歌　(　　　)　　　10) 來　(　　　)

2. 다음 한자어의 음을 쓰세요.

   1) 女姓　(　　　)　　　6) 漢字　(　　　)
   2) 有名　(　　　)　　　7) 日記　(　　　)
   3) 文學　(　　　)　　　8) 世上　(　　　)
   4) 國語　(　　　)　　　9) 安全　(　　　)
   5) 歌手　(　　　)　　　10) 來日　(　　　)

3. 다음 한자어의 뜻을 쓰세요.

   1) 姓名　(　　　　　)
   2) 文字　(　　　　　)

4. 다음 물음에 알맞은 한자를 보기에서 골라 번호를 쓰세요.

> 보기 ①姓 ②名 ③文 ④語 ⑤歌
>   ⑥字 ⑦記 ⑧世 ⑨全 ⑩來

1) '성'이라는 뜻을 가진 한자는? (   )

2) '기록하다'란 뜻을 가진 한자는? (   )

3) '말씀'이라는 뜻을 가진 한자는? (   )

4) '글월'이라는 뜻을 가진 한자는? (   )

5) '오다'라는 뜻을 가진 한자는? (   )

6) '세상'이라는 뜻을 가진 한자는? (   )

7) '노래'라는 뜻을 가진 한자는? (   )

8) '이름'이라는 뜻을 가진 한자는? (   )

5. 다음 훈(뜻)과 음(소리)에 알맞은 한자를 보기에서 골라 번호를 쓰세요.

> 보기 ①姓 ②名 ③文 ④語 ⑤歌
>   ⑥字 ⑦記 ⑧世 ⑨全 ⑩來

기출 및 예상 문제　　姓名文語歌字記世全來

　　1) 말씀 어 (　　　)

　　2) 올 래 　(　　　)

　　3) 온전할 전 (　　　)

　　4) 세상 세 (　　　)

　　5) 글자 자 (　　　)

　　6) 성 성 　(　　　)

　　7) 노래 가 (　　　)

　　8) 글월 문 (　　　)

　　9) 기록할 기 (　　　)

　　10) 이름 명 　(　　　)

6. 다음 훈(뜻)과 음(소리)에 알맞은 한자를 쓰세요.

　　1) 글월 문 (　　　)　　　4) 온전할 전 (　　　)

　　2) 글자 자 (　　　)　　　5) 올 래 (　　　)

　　3) 세상 세 (　　　)

7. 來 (올 래)에서 화살표가 있는 획은 몇 번째로 쓰나요?

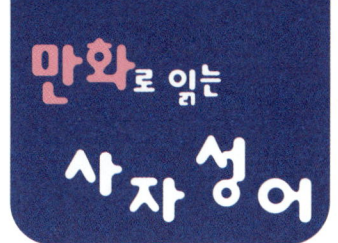

苦盡甘來 (고진감래)

고통이 다하면 즐거움이 온다는 뜻으로, 역경(逆境)과 고생 끝에 즐거움이 찾아온다는 말입니다.

❖ 苦:쓸 고, 盡:다할 진, 甘:달 감, 來:올 래

실전대비 총정리

◎ 다음 漢字語(한자어)의 讀音(독음)을 쓰세요. (1~32)

〈보기〉 漢字 → 한자

1. 世上 ⇨
2. 正道 ⇨
3. 市場 ⇨
4. 數學 ⇨
5. 孝子 ⇨
6. 下山 ⇨
7. 軍歌 ⇨
8. 車主 ⇨
9. 住民 ⇨
10. 村夫 ⇨
11. 一萬 ⇨
12. 每月 ⇨
13. 氣力 ⇨
14. 姓名 ⇨
15. 便安 ⇨
16. 農地 ⇨
17. 百方 ⇨
18. 天命 ⇨
19. 三寸 ⇨
20. 電動 ⇨
21. 入室 ⇨
22. 中心 ⇨
23. 春色 ⇨
24. 手足 ⇨
25. 北海 ⇨
26. 立冬 ⇨
27. 王立 ⇨
28. 食事 ⇨
29. 兄弟 ⇨
30. 老母 ⇨
31. 南門 ⇨
32. 長江 ⇨

◎ 다음 한자(漢字)의 훈(訓)과 음(音)을 쓰세요. (33~51)

〈보기〉 字 → 글자 자

33. 生 ⇨
34. 先 ⇨
35. 紙 ⇨
36. 土 ⇨
37. 草 ⇨
38. 四 ⇨

39. 有 ➪
40. 火 ➪
41. 少 ➪
42. 然 ➪
43. 重 ➪
44. 語 ➪
45. 水 ➪
46. 來 ➪
47. 空 ➪
48. 內 ➪
49. 夕 ➪
50. 日 ➪
51. 午 ➪

● 다음 한자어(漢字語)의 뜻을 쓰세요. (52~53)

52. 祖父 ➪
53. 外出 ➪

● 다음 훈(訓)과 음(音)에 맞는 한자(漢字)를 〈보기〉에서 골라 그 번호를 쓰세요. (54~63)

| 〈보기〉 | ①活 | ②年 | ③植 | ④育 | ⑤話 |
| | ⑥夏 | ⑦休 | ⑧面 | ⑨國 | ⑩家 |

54. 낯 면 ➪
55. 기를 육 ➪
56. 살 활 ➪
57. 심을 식 ➪
58. 해 년 ➪
59. 여름 하 ➪
60. 쉴 휴 ➪
61. 말씀 화 ➪
62. 집 가 ➪
63. 나라 국 ➪

◉ 다음 한자(漢字)의 상대 또는 반대되는 한자(漢字)를 〈보기〉에서 골라 그 번호를 쓰세요.(64~66)

〈보기〉 ① 前 ② 小 ③ 邑 ④ 問 ⑤ 西 ⑥ 平

64. (   ) – 答
65. 東 – (   )
66. (   ) – 後

◉ 다음 문장에서 밑줄 친 단어와 같은 뜻을 지닌 한자어(漢字語)를 〈보기〉에서 골라 그 번호를 쓰세요.(67~68)

〈보기〉 ① 大同   ② 校花   ③ 男女   ④ 時間

67. 우리 학교 교화는 개나리꽃이다. (   )
68. 시간은 금이다. (   )

◉ 다음 한자(漢字)의 필순을 알아보세요.(69~70)

69. 主(주인 주)를 쓰는 순서에 맞게 각 획에 번호를 쓰세요.

70. 事(일 사)자에서 화살표가 있는 획은 몇 번째로 쓰나요?

부록

상대어 · 반의어

부수 익히기

8급 한자 복습

상대어 · 반의어 학습

◉ 뜻이 서로 반대가 되는 한자를 공부해 봅시다.

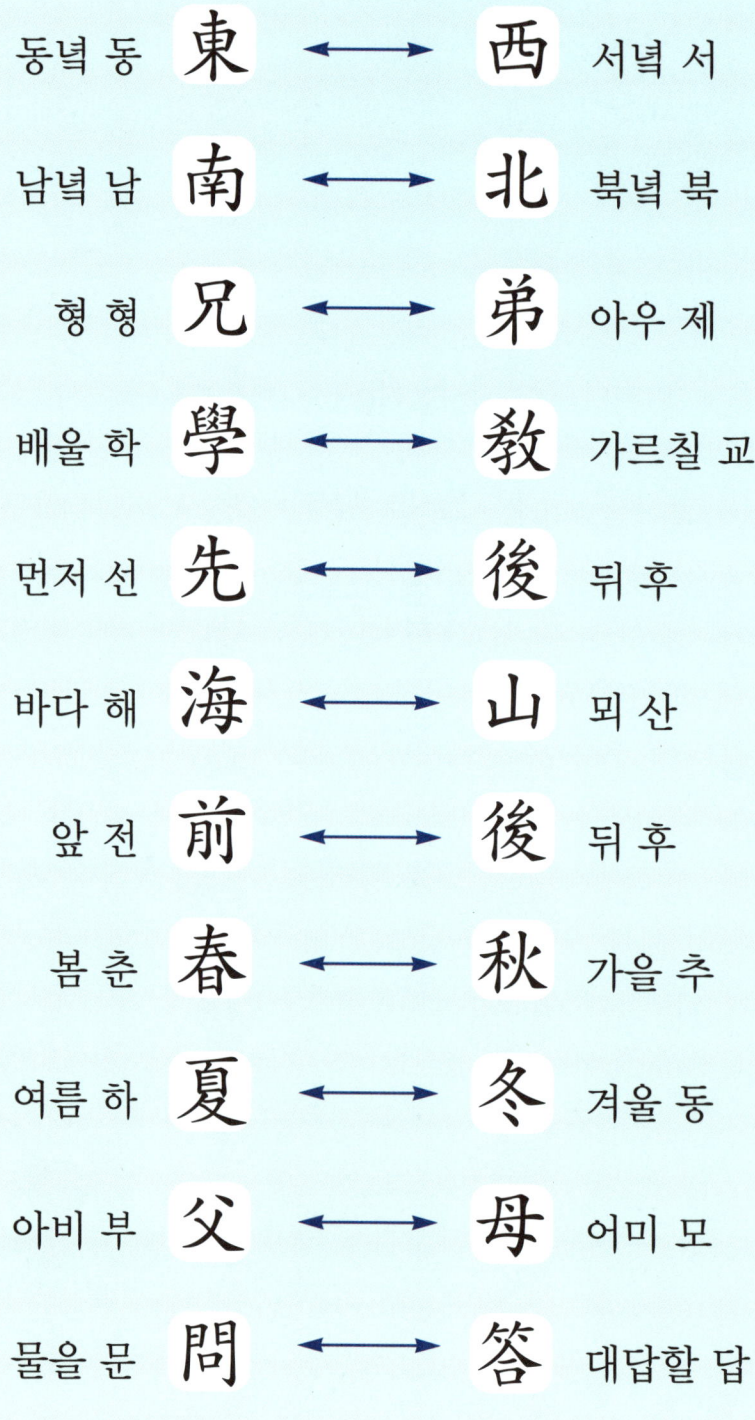

◉ 다음 문장의 밑줄 친 단어와 같은 뜻의 한자를 쓰세요.

1. 우리 나라는 봄, 여름, 가을, 겨울이 뚜렷한 나라입니다.
    (,   ,   ,   )

2. 오늘은 남북 정상회담이 열리는 날입니다.
    (,   )

3. 우리집은 모두 아들 삼형제입니다.
    (,   )

4. 이번 휴가는 산으로 갈까, 바다로 갈까?
    (,   )

5. 해는 동쪽에서 떠서 서쪽으로 집니다.
    (,   )

6. 봄 춘(春)과 상대되는 한자는?
    ① 色   ② 秋   ③ 然   ④ 花

7. 다음 반대 또는 상대되는 한자끼리 바르게 짝지어진 것은?
    ① 前 - 休   ② 母 - 山   ③ 問 - 答   ④ 夏 - 然

8. 다음 반대 또는 상대되는 한자끼리 짝지은 것 중에 잘못 짝지어진 것은?
    ① 父 - 母   ② 夏 - 冬   ③ 先 - 後   ④ 學 - 校

9. 앞 전(前)과 반대되는 한자는?
    ① 後   ② 山   ③ 先   ④ 學

10. 배울 학(學)과 반대되는 한자는?
    ① 問   ② 前   ③ 敎   ④ 答

7급 부수 익히기

월   일 확인: _____

사람 인

イ + 木 = 休
사람 인   나무 목   쉴 휴

사람 인(人)이 부수로 쓰일 때는 イ 모양으로 바뀌어 쓰이기도 합니다.

ノ イ (총 2획)

사람 인(イ)이 들어간 イ 부수 한자를 써 보세요.

休
쉴 휴

집 면

宀 + 女 = 安
집 면   계집 녀   편안 안

丶丶宀 (총 3획)

집 면(宀)이 들어간 宀 부수 한자를 써 보세요.

安
편안 안

 부수 익히기

월   일 확인:

하품 흠

哥 형가 + 欠 하품 흠 = 歌 노래 가

丿 𠂊 ㇉ 欠 (총4획)

하품 흠(欠)이 들어간 欠부수 한자를 써 보세요.

歌					
노래 가					

불 화

肉 고기 육 + 犬 개 견 + 灬 불 화 = 然 그럴 연

불화(火)가 부수로 쓰일 때는 灬 모양으로 바뀌어 쓰이기도 합니다.

丶 丷 灬 灬 (총4획)

불 화(灬)가 들어간 灬부수 한자를 써 보세요.

然					
그럴 연					

7급 부수 익히기

월   일 확인:

나무 목

一 十 才 木 (총 4획)

나무목 변(木)이 들어간 木부수 한자를 써 보세요.

植					
심을 식					

큰입 구

丨 冂 口 (총 3획)

큰입 구(口)가 들어간 口부수 한자를 써 보세요.

國					
나라 국					

7급 부수 익히기

월   일 확인:

丶 一 广 (총3획)

엄호(广)가 들어간 广부수 한자를 써 보세요.

廣 넓을 광					

丶 ㇀ ㇈ 辶 (총4획)

책받침(辶)이 들어간 辶부수 한자를 써 보세요.

道 길 도					

8급 한자 복습

필순에 따라 한자를 써 보세요.

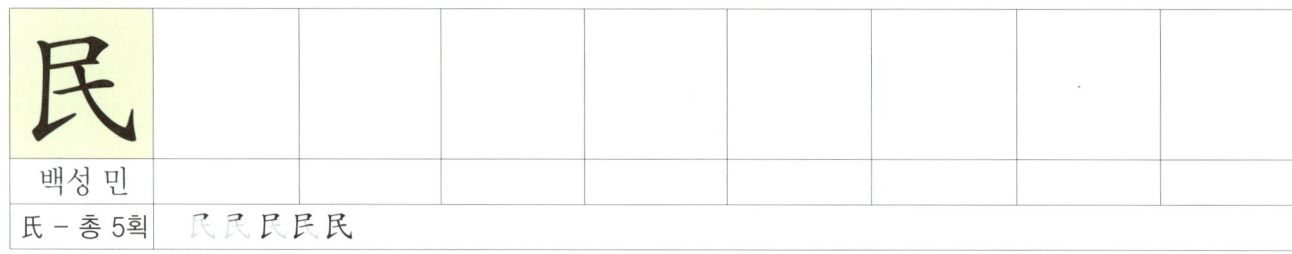

· 韓國(한국), 北韓(북한)

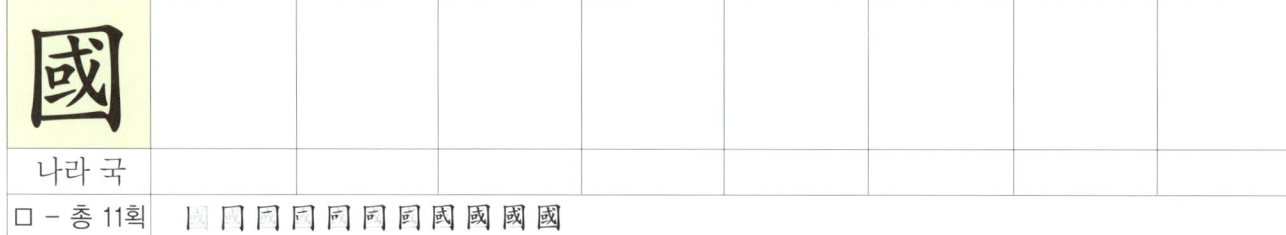

· 國民(국민), 民生(민생)

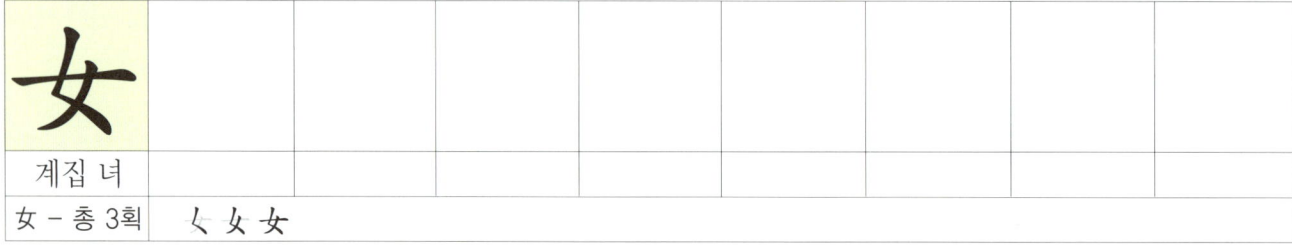

· 國土(국토), 母國(모국)

女							
계집 녀							
女 – 총 3획	ㄑ 女 女						

상대·반의어 : 男 (사내 남)

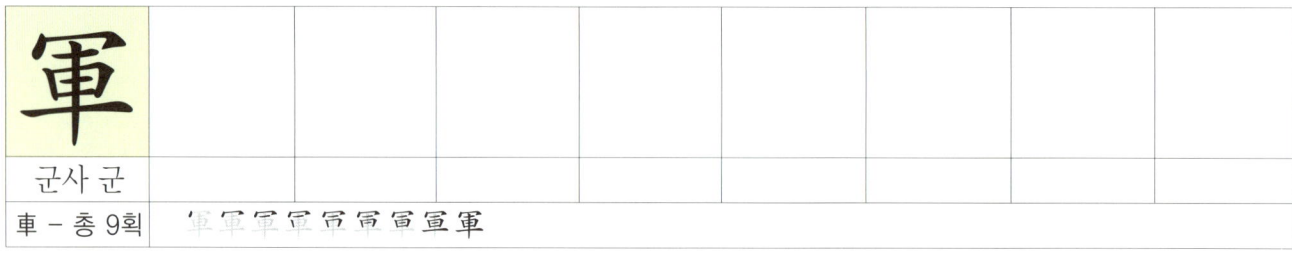

· 軍人(군인), 海軍(해군)

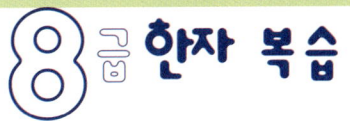

한자 복습

월　　일 확인:

필순에 따라 한자를 써 보세요.

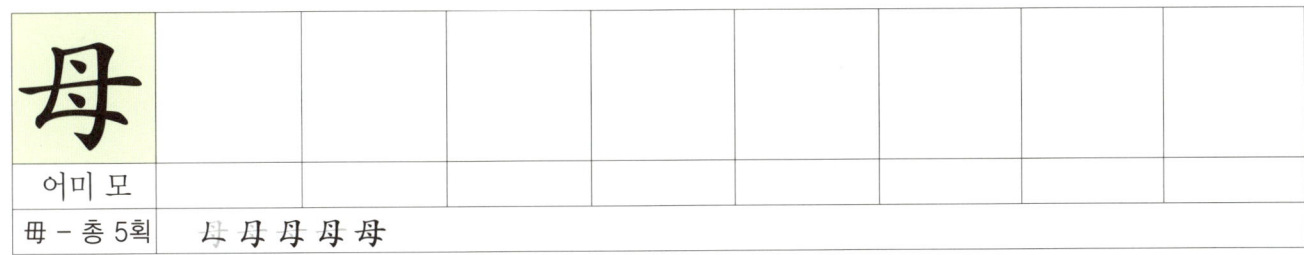

상대·반의어 : 母 (어미 모)

상대·반의어 : 父 (아비 부)

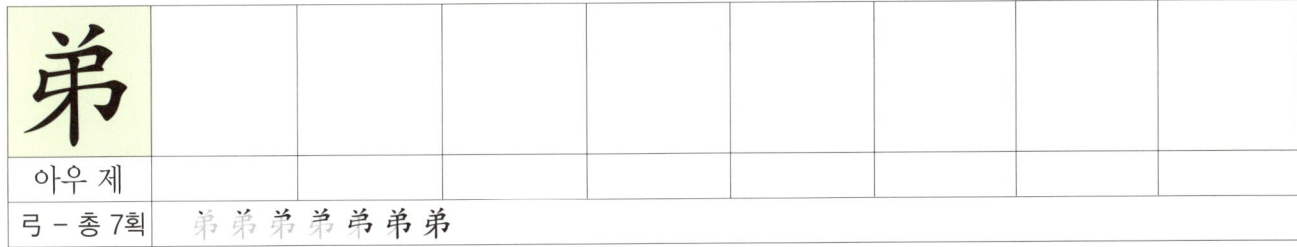

상대·반의어 : 弟 (아우 제)

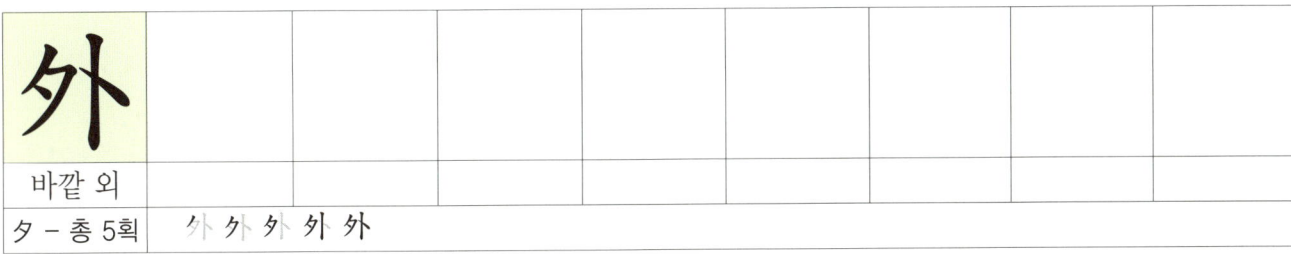

상대·반의어 : 兄 (형 형)

상대·반의어 : 內 (안 내)

 한자 복습

월   일 확인:

필순에 따라 한자를 써 보세요.

· 三寸(삼촌), 寸數(촌수)

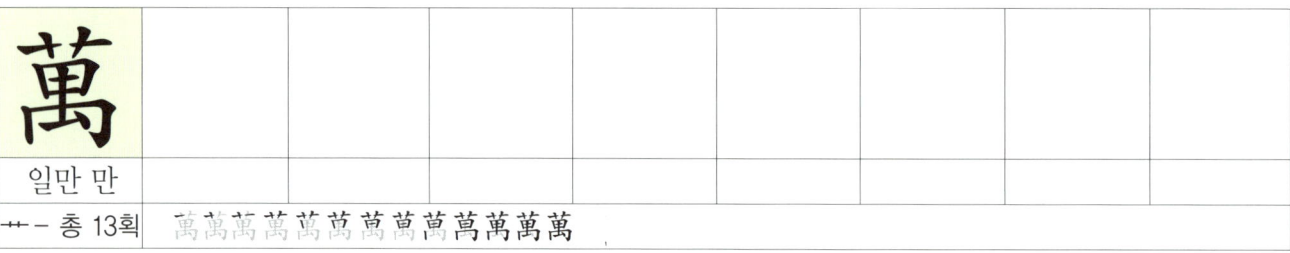

· 萬年(만년), 萬國(만국)

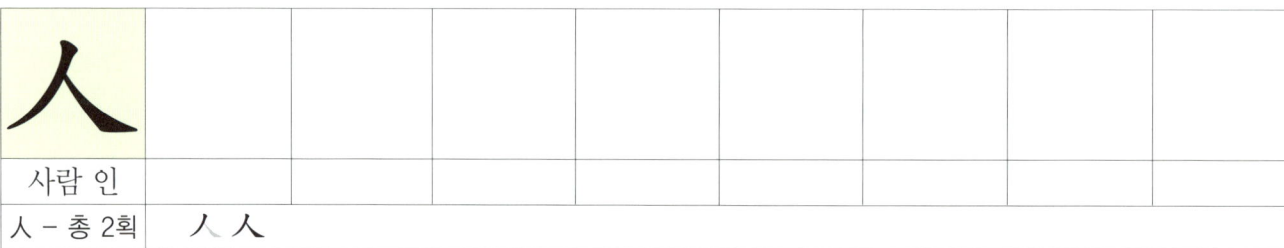

· 人道(인도), 人生(인생)

青							
푸를 청							
靑 – 총 8획	青青青青青青青青						

· 靑年(청년), 靑山(청산)

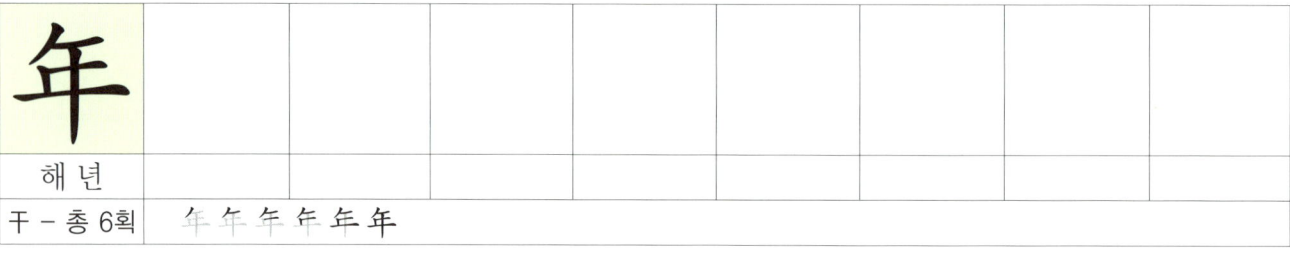

· 年金(연금), 中年(중년)

 **한자 복습**

월   일 확인: _____

필순에 따라 한자를 써 보세요.

學							
배울 학							
子 – 총 16획	學學學學學學學學學學學學學學學學						

상대·반의어 : 敎 (가르칠 교)

校							
학교 교							
木 – 총 10획	校校校校校校校校校校						

· 校門(교문), 校木(교목)

長							
길 장							
長 – 총 8획	長長長長長長長長						

· 校長(교장), 室長(실장)

敎							
가르칠 교							
攵(攴) – 총 11획	敎敎敎敎敎敎敎敎敎敎敎						

상대·반의어 : 學 (배울 학)

室							
집 실							
宀 – 총 9획	室室室室室室室室室						

· 室內(실내), 敎室(교실)

 **한자 복습**

필순에 따라 한자를 써 보세요.

中							
가운데 중							
ㅣ- 총 4획	中中中中						

· 中間(중간), 中學生(중학생)

門							
문 문							
門 - 총 8획	門門門門門門門門						

· 大門(대문), 水門(수문)

先							
먼저 선							
ノ니 - 총 6획	先先先先先先						

상대 · 반의어 : 後 (뒤 후)

生							
날 생							
生 - 총 5획	生生生生生						

· 生日(생일), 生水(생수)

王							
임금 왕							
王(玉)-총4획	王王王王						

· 女王(여왕), 王子(왕자)

8일 한자 복습

◉ 다음 한자어의 음을 쓰세요.

1. 軍人　　（　　　　）　　2. 女王　　（　　　　）

3. 父母　　（　　　　）　　4. 兄弟　　（　　　　）

5. 大韓民國（　　　　）　　6. 北韓　　（　　　　）

7. 韓日　　（　　　　）　　8. 靑白　　（　　　　）

9. 靑軍　　（　　　　）　　10. 小人　（　　　　）

11. 學校　 （　　　　）　　12. 敎室　（　　　　）

13. 中學生 （　　　　）　　14. 校長　（　　　　）

15. 先生　 （　　　　）

◉ 다음 한자의 음과 훈을 쓰세요.

16. 敎　　（　　　　）　　17. 長　　（　　　　）

18. 室　　（　　　　）　　19. 先　　（　　　　）

20. 靑　　（　　　　）　　21. 韓　　（　　　　）

22. 母　　（　　　　）　　23. 民　　（　　　　）

24. 軍　　（　　　　）　　25. 弟　　（　　　　）

7급 ❷ 확인학습 · 기출 및 예상 문제 · 총정리 해답

· 재미있는 확인 학습 (18p~19p)
1. 화 2. 춘하추동 3. 춘추 4. 휴 5. 전 6. 색 7. 농 8. 연 9. 추 10. 춘 11. ① 12. ④ 13. ① 14. ④ 15. ③ 16. ④ 17. ③ 18. ③ 19. ③ 20. ②

· 기출 및 예상 문제 (20P~22P)
1. 1)봄 춘 2)여름 하 3)가을 추 4)겨울 동 5)꽃 화 6)그럴 연 7)번개 전 8)빛 색 9)농사 농 10)쉴 휴
2. 1)춘추 2)춘삼월 3)기색 4)춘하추동 5)화초 6)자연 7)전화 8)백색 9)농촌 10)휴일
3. 1)하늘과 땅 2)강과 시냇물 3)바닷풀 4)봄과 여름 5)가을과 겨울
4. 1)⑧ 2)① 3)② 4)⑤ 5)④
5. 1)秋 2)花 3)然 4)農 5)休
6. 1)⑤ 2)⑩ 3)⑥ 4)④ 5)②   7. 네 번째

· 재미있는 확인 학습 (36p~37p)
1. 남자 2. 효자 3. 사 4. 부 5. 안 6. 조 7. 력 8. 자 9. 가 10. 자 11. ③ 12. ④ 13. ① 14. ④ 15. ③ 16. ④ 17. ① 18. ① 19. ② 20. ①

· 기출 및 예상 문제 (38P~40P)
1. 1)사내 남 2)아들 자 3)힘 력 4)일 사 5)스스로 자 6)할아버지 조 7)효도 효 8)편안 안 9)지아비 부 10)집 가
2. 1)남자 2)자녀 3)활력 4)매사 5)자신 6)조부 7)효도 8)편안 9)농부 10)가사
3. 1)② 2)⑧ 3)① 4)④ 5)⑩ 6)⑨ 7)⑤ 8)⑦ 9)⑥ 10)③
4. 1)③ 2)⑦ 3)⑧ 4)② 5)⑩ 6)⑥ 7)④ 8)⑤ 9)⑨ 10)①
5. 1)男 2)力 3)自 4)孝 5)家 6. 첫 번째

· 재미있는 확인 학습 (54p~55p)
1. 육 2. 주 3. 식 4. 수 5. 산 6. 문 7. 답 8. 천 9. 오 10. 석 11. ① 12. 千 13. ① 14. ① 15. ② 16. ③ 17. ④ 18. ① 19. ① 20. ③

· 기출 및 예상 문제 (56P~58P)
1. 1)주인 주 2)심을 식 3)기를 육 4)일천 천 5)낮 오 6)저녁 석 7)셀 수 8)계산할 산 9)물을 문 10)대답할 답
2. 1)주인 2)식목일 3)교육 4)천리 5)정오 6)추석 7)수학 8)산수 9)문답 10)정답
3. 1)① 2)② 3)⑩ 4)⑤ 5)⑧ 6)⑥ 7)③ 8)⑦ 9)⑨ 10)④
4. 1)대소변을 보는 곳 2)질문과 대답 3)앞과 뒤 4)나가고 들어옴
5. 1)⑥ 2)① 3)⑤ 4)⑦ 5)⑨ 6)⑩
6. 세 번째

· 재미있는 확인 학습 (72p~73p)
1. 한 2. 립 3. 등 4. 기 5. 읍 6. 리 7. 동 8. 평 9. 하 10. 상 11. ① 12. ① 13. ② 14. ① 15. ⑥ 16. ④ 17. ③ 18. ① 19. ② 20. ⑨

· 기출 및 예상 문제 (74P~76P)
1. 1)한나라 한 2)설 립 3)오를 등 4)고을 읍 5)윗 상 6)아래 하 7)평평할 평 8)마을 리 9)고을 동 10)깃발 기
2. 1)한문 2)입동 3)등산 4)읍내 5)조상 6)지하 7)평생 8)동구 9)동장 10)국기
3. 1)① 2)④ 3)⑩ 4)③ 5)② 6)⑦ 7)⑨ 8)⑧ 9)⑥ 10)⑤
4. 1)젊었을 때 2)위와 아래 3)마을 입구 4)활발한 기운 5)한 집에서 살며 끼니를 같이 하는 사람
5. 1)② 2)③ 3)⑩ 4)④ 5)⑧
6. 다섯 번째

· 재미있는 확인 학습 (90p~91p)
1. 어 2. 성 3. 성명 4. 문 5. 기 6. 세 7. 내 8. 자 9. 가 10. 전 11. ③ 12. ④ 13. ④ 14. ① 15. ⑩ 16. ① 17. ⑦ 18. ① 19. ② 20. 자신의 이름을 쓰세요.

· 기출 및 예상 문제 (92P~94P)
1. 1)성 성 2)이름 명 3)글월 문 4)말씀 어 5)노래 가 6)글자 자 7)기록할 기 8)세상 세 9)온전할 전 10)올 래
2. 1)여성 2)유명 3)문학 4)국어 5)가수 6)한자 7)일기 8)세상 9)안전 10)내일
3. 1)성과 이름 2)언어를 적는데 사용하는 기호체계
4. 1)① 2)⑦ 3)④ 4)③ 5)⑩ 6)⑧ 7)⑤ 8)②
5. 1)④ 2)⑩ 3)⑨ 4)⑧ 5)⑥ 6)① 7)⑤ 8)③ 9)⑦ 10)②
6. 1)文 2)字 3)世 4)全 5)來   7. 여섯 번째

· 실전대비 총정리 (96P~98P)
1. 세상 2. 정도 3. 시장 4. 수학 5. 효자 6. 하산 7. 군가 8. 차주 9. 주민 10. 촌부 11. 일만 12. 매월 13. 기력 14. 성명 15. 편안 16. 농지 17. 백방 18. 천명 19. 삼촌 20. 전동 21. 입실 22. 중심 23. 춘색 24. 수족 25. 북해 26. 입동 27. 왕립 28. 식사 29. 형제 30. 노모 31. 남문 32. 장강 33. 날 생 34. 먼저 선 35. 종이 지 36. 흙 토 37. 풀 초 38. 넉 사 39. 있을 유 40. 불 화 41. 적을 소 42. 그럴 연 43. 무거울 중 44. 말씀 어 45. 물 수 46. 올 래 47. 빌 공 48. 안 내 49. 저녁 석 50. 날 일 51. 낮 오 52. 할아버지 53. 밖에 나감 54. ⑧ 55. ④ 56. ① 57. ③ 58. ② 59. ⑥ 60. ⑦ 61. ⑤ 62. ⑩ 63. ⑨ 64. ④ 65. ⑤ 66. ① 67. ② 68. ④ 69. 主   70. 여덟 번째

· 상대어·반대어 학습 (101P)
1. 春夏秋冬 2. 南北 3. 兄弟 4. 山海 5. 東西 6. ② 7. ③ 8. ④ 9. ① 10. ③

· 8급 한자 복습 (111P)
1. 군인 2. 여왕 3. 부모 4. 형제 5. 대한민국 6. 북한 7. 한일 8. 청백 9. 청군 10. 소인 11. 학교 12. 교실 13. 중학생 14. 교장 15. 선생 16. 가르칠 교 17. 길 장 18. 집 실 19. 먼저 선 20. 푸를 청 21. 나라 한 22. 어미 모 23. 백성 민 24. 군사 군 25. 아우 제

7급 ❷ 모의 한자능력검정시험 해답

모의한자능력검정시험 (제1회)

1
1) 입장
2) 활력
3) 국민
4) 강촌
5) 차주
6) 전화
7) 평안
8) 정답
9) 불효
10) 칠월
11) 만사
12) 천연
13) 농사
14) 중학생
15) 하교
16) 목수
17) 좌우
18) 휴학
19) 내외
20) 입구

2
21) 바다 해
22) 먹을 식
23) 왼 좌
24) 입 구
25) 아홉 구
26) 마을 리
27) 종이 지
28) 땅 지
29) 한나라 한
30) 낯 면
31) 곧을 직
32) 봄 춘
33) 나라 한
34) 할아버지 조
35) 번개 전

3
36) ③
37) ⑤
38) ④
39) ②
40) ①
41) ⑩
42) ⑨
43) ⑦
44) ⑧
45) ⑥
46) ⑬
47) ⑭
48) ⑪
49) ⑮
50) ⑫

4
51) 가수
52) 일기
53) 장남
54) 농촌
55) 문답
56) 동구
57) 입력
58) 입춘
59) 문학
60) 형부
61) 중세
62) 산수

5
63) ①
64) ③

6
65) ④
66) ①

7
67) ②
68) ④

8
69) ①
70) ②

모의한자능력검정시험 (제2회)

1
1) 전면
2) 동서
3) 부모
4) 선조
5) 수학
6) 동장
7) 내실
8) 자녀
9) 동물
10) 외출
11) 생육
12) 공중
13) 오월
14) 노년
15) 조부
16) 사촌
17) 청춘
18) 효도
19) 장소
20) 생동
21) 평지
22) 전자
23) 등산
24) 시장
25) 공간

2
26) 쇠 금
27) 매양 매
28) 설 립
29) 사이 간
30) 기운 기
31) 글월 문
32) 나무 목
33) 여름 하
34) 낮 오
35) 아래 하
36) 뒤 후
37) 빛 색
38) 날 생
39) 한 가지 동
40) 움직일 동
41) 학교 교
42) 가르칠 교
43) 뫼 산
44) 집 실
45) 마디 촌

3
46) ③
47) ②
48) ①
49) ⑤
50) ⑥
51) ⑨
52) ⑦
53) ⑧
54) ⑩
55) ④

4
56) ④
57) ③
58) ②
59) ⑤
60) ①
61) ⑥
62) ⑦

5
63) ①
64) ②

6
65) ④
66) ①

7
67) ⑤
68) ③

8
69) ③
70) ①

모의한자능력검정시험 (제3회)

1
1) 임금 왕
2) 겨울 동
3) 바깥 외
4) 빌 공
5) 늙을 로
6) 여덟 팔
7) 스스로 자
8) 그럴 연
9) 농사 농
10) 흙 토
11) 글자 자
12) 형 형
13) 아우 제
14) 온전할 전
15) 배울 학
16) 말씀 화
17) 나라 국
18) 오른 우
19) 세상 세
20) 계산할 산
21) 윗 상
22) 살 활
23) 때 시
24) 고을 동
25) 앞 전

2
26) ⑬
27) ⑩
28) ⑮
29) ⑤
30) ⑥
31) ⑧
32) ②
33) ③
34) ①
35) ⑦

3
36) 정오
37) 남북
38) 전후
39) 부자
40) 상하
41) 가장
42) 강산
43) 식목
44) 청색
45) 휴일
46) 학교
47) 남남북녀
48) 청천
49) 중대
50) 문물
51) 자동문
52) 도장
53) 소중
54) 직립
55) 남편

4
56) 휴지
57) 효녀
58) 평생
59) 추석
60) 주인
61) 자연
62) 한문

5
63) ③
64) ①

6
65) ③
66) ④

7
67) ②
68) ④

8
69) ②
70) ④

찾아보기 (7급 100자)

ㄱ

家 (가)	❷-35	
歌 (가)	❷-84	
間 (간)	❶-81	
江 (강)	❶-10	
車 (거/차)	❶-29	
工 (공)	❶-26	
空 (공)	❶-80	
口 (구)	❶-65	
氣 (기)	❶-69	
旗 (기)	❷-71	
記 (기)	❷-86	

ㄴ

男 (남)	❷-26	
內 (내)	❶-83	
農 (농)	❷-16	

ㄷ

答 (답)	❷-53	
道 (도)	❶-16	
動 (동)	❶-34	
同 (동)	❶-89	
洞 (동)	❷-70	
冬 (동)	❷-11	
登 (등)	❷-64	

ㄹ

來 (래)	❷-89	
力 (력)	❷-28	
老 (로)	❶-64	
里 (리)	❷-69	
林 (림)	❶-15	
立 (립)	❷-63	

ㅁ

每 (매)	❶-66	
面 (면)	❶-70	
命 (명)	❶-35	
名 (명)	❷-81	
文 (문)	❷-82	
問 (문)	❷-52	
物 (물)	❶-88	

ㅂ

方 (방)	❶-84	
百 (백)	❶-71	
夫 (부)	❷-34	
不 (불)	❶-52	

ㅅ

事 (사)	❷-29	
算 (산)	❷-51	
上 (상)	❷-66	
色 (색)	❷-15	
夕 (석)	❷-49	
姓 (성)	❷-80	
世 (세)	❷-87	
少 (소)	❶-62	
所 (소)	❶-45	
手 (수)	❶-28	
數 (수)	❷-50	
市 (시)	❶-17	
時 (시)	❶-63	
食 (식)	❶-67	
植 (식)	❷-45	
心 (심)	❶-51	

ㅇ

安 (안)	❷-33	
語 (어)	❷-83	
然 (연)	❷-13	
午 (오)	❷-48	
右 (우)	❶-31	
有 (유)	❶-86	
育 (육)	❷-46	
邑 (읍)	❷-65	
入 (입)	❶-49	

ㅈ

自 (자)	❷-30	
字 (자)	❷-85	
子 (자)	❷-27	
場 (장)	❶-27	
前 (전)	❶-46	
全 (전)	❷-88	
電 (전)	❷-14	
正 (정)	❶-33	
祖 (조)	❷-31	
足 (족)	❶-82	
左 (좌)	❶-30	
住 (주)	❶-85	
主 (주)	❷-44	
重 (중)	❶-87	
地 (지)	❶-9	
紙 (지)	❶-53	
直 (직)	❶-32	

ㅊ

天 (천)	❶-8	
川 (천)	❶-11	
千 (천)	❷-47	
草 (초)	❶-13	
村 (촌)	❶-14	
秋 (추)	❷-10	
春 (춘)	❷-8	
出 (출)	❶-48	

ㅍ

便 (편/변)	❶-44	
平 (평)	❷-68	

ㅎ

夏 (하)	❷-9	
下 (하)	❷-67	
漢 (한)	❷-62	
海 (해)	❶-12	
花 (화)	❷-12	
話 (화)	❶-50	
活 (활)	❶-68	
孝 (효)	❷-32	
後 (후)	❶-47	
休 (휴)	❷-17	

※7급 ❷ 과정을 모두 마친 다음에 모의고사 답을 이 곳에 기재하세요.

수험번호 □□□-□□-□□□□		성명 □□□□□
주민등록번호 □□□□□□-□□□□□□□		※유성 싸인펜, 붉은색 필기구 사용 불가.

※답안지는 컴퓨터로 처리되므로 구기거나 더럽히지 마시고, 정답 칸 안에만 쓰십시오.
　글씨가 채점란으로 들어오면 오답처리가 됩니다.

제 1회 한자능력검정시험 7급 답안지(1)

번호	답안지 정답	채점란 1검	채점란 2검	번호	답안지 정답	채점란 1검	채점란 2검
1				18			
2				19			
3				20			
4				21			
5				22			
6				23			
7				24			
8				25			
9				26			
10				27			
11				28			
12				29			
13				30			
14				31			
15				32			
16				33			
17				34			

감독위원	채점위원(1)		채점위원(2)		채점위원(3)	
(서명)	(득점)	(서명)	(득점)	(서명)	(득점)	(서명)

※본 답안지는 컴퓨터로 처리되므로 구기거나 더럽혀지지 않도록 조심하시고 글씨를 칸 안에 또박또박 쓰십시오.

제 1회 한자능력검정시험 7급 답안지(2)

번호	정답	1검	2검	번호	정답	1검	2검
35				53			
36				54			
37				55			
38				56			
39				57			
40				58			
41				59			
42				60			
43				61			
44				62			
45				63			
46				64			
47				65			
48				66			
49				67			
50				68			
51				69			
52				70			

※7급 ❷ 과정을 모두 마친 다음에 모의고사 답을 이 곳에 기재하세요.

수험번호 ☐☐☐-☐☐-☐☐☐☐				성명 ☐☐☐☐☐		
주민등록번호 ☐☐☐☐☐☐-☐☐☐☐☐☐☐ ※유성 싸인펜, 붉은색 필기구 사용 불가.						
※답안지는 컴퓨터로 처리되므로 구기거나 더럽히지 마시고, 정답 칸 안에만 쓰십시오. 글씨가 채점란으로 들어오면 오답처리가 됩니다.						

제 2회 한자능력검정시험 7급 답안지(1)

번호	답 안 지 정 답	채점란 1검	채점란 2검	번호	답 안 지 정 답	채점란 1검	채점란 2검
1				18			
2				19			
3				20			
4				21			
5				22			
6				23			
7				24			
8				25			
9				26			
10				27			
11				28			
12				29			
13				30			
14				31			
15				32			
16				33			
17				34			

감 독 위 원	채 점 위 원 (1)		채 점 위 원 (2)		채 점 위 원 (3)	
(서명)	(득점)	(서명)	(득점)	(서명)	(득점)	(서명)

※본 답안지는 컴퓨터로 처리되므로 구기거나 더럽혀지지 않도록 조심하시고 글씨를 칸 안에 또박또박 쓰십시오.

제 2회 한자능력검정시험 7급 답안지(2)

번호	정 답	1검	2검	번호	정 답	1검	2검
35				53			
36				54			
37				55			
38				56			
39				57			
40				58			
41				59			
42				60			
43				61			
44				62			
45				63			
46				64			
47				65			
48				66			
49				67			
50				68			
51				69			
52				70			

※7급 ❷ 과정을 모두 마친 다음에 모의고사 답을 이 곳에 기재하세요.

수험번호 □□□-□□-□□□□ 성명 □□□□□
주민등록번호 □□□□□□-□□□□□□□
※유성 싸인펜, 붉은색 필기구 사용 불가.

※답안지는 컴퓨터로 처리되므로 구기거나 더럽히지 마시고, 정답 칸 안에만 쓰십시오.
  글씨가 채점란으로 들어오면 오답처리가 됩니다.

제 3회 한자능력검정시험 7급 답안지(1)

번호	정 답	1검	2검	번호	정 답	1검	2검
1				18			
2				19			
3				20			
4				21			
5				22			
6				23			
7				24			
8				25			
9				26			
10				27			
11				28			
12				29			
13				30			
14				31			
15				32			
16				33			
17				34			

감 독 위 원	채 점 위 원 (1)		채 점 위 원 (2)		채 점 위 원 (3)	
(서명)	(득점)	(서명)	(득점)	(서명)	(득점)	(서명)

※본 답안지는 컴퓨터로 처리되므로 구기거나 더럽혀지지 않도록 조심하시고 글씨를 칸 안에 또박또박 쓰십시오.

제 3회 한자능력검정시험 7급 답안지(2)

번호	정 답	1검	2검	번호	정 답	1검	2검
35				53			
36				54			
37				55			
38				56			
39				57			
40				58			
41				59			
42				60			
43				61			
44				62			
45				63			
46				64			
47				65			
48				66			
49				67			
50				68			
51				69			
52				70			